# धर्म की साधना

# स्वामी विवेकानंद पर केंद्रित साहित्य

# धर्म की साधना

स्वामी विवेकानंद

*प्रकाशक*
**प्रभात प्रकाशन प्रा. लि.**
4/19 आसफ अली रोड, नई दिल्ली–110002
फोन : 011–23289777 • हेल्पलाइन नं. : 7827007777
इ–मेल : prabhatbooks@gmail.com ❖ वेब ठिकाना : www.prabhatbooks.com

*संस्करण*
2026



*पेपरबैक मूल्य*
तीन सौ पचास रुपए

*मुद्रक*
नरुला प्रिंटर्स, दिल्ली

———— ★ ————

**DHARMA KI SADHANA**
*by* Swami Vivekananda

Published by **PRABHAT PRAKASHAN PVT. LTD.**
4/19 Asaf Ali Road, New Delhi-110002

ISBN 978-93-5521-364-8

₹ 350.00 (PB)

# पुस्तक परिचय

स्वामी विवेकानंद ने भारत में उस समय अवतार लिया, जब यहाँ हिंदू धर्म के अस्तित्व पर संकट के बादल मँडरा रहे थे। पंडित-पुरोहितों ने हिंदू धर्म को घोर आडंबरवादी और अंधविश्वासपूर्ण बना दिया था। ऐसे में स्वामी विवेकानंद ने हिंदू धर्म को एक पूर्ण पहचान प्रदान की। इसके पहले हिंदू धर्म विभिन्न छोटे-छोटे संप्रदायों में बँटा हुआ था। तीस वर्ष की आयु में स्वामी विवेकानंद ने शिकागो (अमेरिका) में विश्व धर्म-संसद् में हिंदू धर्म का प्रतिनिधित्व किया और इसे सार्वभौमिक पहचान दिलवाई।

गुरुदेव रवींद्रनाथ टैगोर ने एक बार कहा था, "यदि आप भारत को जानना चाहते हैं तो विवेकानंद को पढ़िए। उनमें आप सबकुछ सकारात्मक ही पाएँगे, नकारात्मक कुछ भी नहीं।"

रोम्या रोलाँ ने उनके बारे में कहा था, "उनके द्वितीय होने की कल्पना करना भी असंभव है। वे जहाँ भी गए, सर्वप्रथम हुए...हर कोई उनमें अपने नेता का दिग्दर्शन करता था। वे ईश्वर के प्रतिनिधि थे तथा सब पर प्रभुत्व प्राप्त कर लेना ही उनकी विशिष्टता थी। हिमालय प्रदेश में एक बार एक अनजान यात्री उन्हें देख, ठिठककर रुक गया और आश्चर्यपूर्वक चिल्ला उठा—'शिव!' यह ऐसा हुआ, मानो उस व्यक्ति के आराध्य देव ने अपना नाम उनके माथे पर लिख दिया हो।"

उनतालीस वर्ष के अल्पकालिक जीवन में स्वामी विवेकानंद जो काम कर गए, वे आनेवाली अनेक शताब्दियों तक पीढ़ियों का मार्गदर्शन करते रहेंगे।

वे केवल संत ही नहीं थे, बल्कि एक महान् देशभक्त, ओजस्वी वक्ता, प्रखर विचारक, रचनाधर्मी लेखक और करुण मानवप्रेमी भी थे। अमेरिका से लौटकर उन्होंने देशवासियों का आह्वान करते हुए कहा था, "नया भारत निकल पड़े मोची की दुकान से, भड़भूजे के भाड़ से, कारखाने से, हाट से, बाजार से; निकल पड़े झाड़ियों, जंगलों, पहाड़ों, पर्वतों से।"

और जनता ने स्वामीजी की पुकार का उत्तर दिया। वह गर्व के साथ निकल पड़ी। गांधीजी को आजादी की लड़ाई में, जो जन-समर्थन मिला, वह विवेकानंद के आह्वान का ही फल था। इस प्रकार वे भारतीय स्वतंत्रता-संग्राम के भी एक प्रमुख प्रेरणा-स्रोत बने।

उनका विश्वास था कि पवित्र भारतवर्ष धर्म एवं दर्शन की पुण्यभूमि है। यहीं बड़े-बड़े महात्माओं तथा ऋषियों का जन्म हुआ, यही संन्यास एवं त्याग की भूमि है तथा यहीं केवल यहीं आदिकाल से लेकर आज तक मनुष्य के लिए जीवन के सर्वोच्च आदर्श एवं मुक्ति का द्वार खुला हुआ है।

उनके कथन—"उठो, जागो, स्वयं जगकर औरों को जगाओ। अपने नर-जन्म को सफल करो और तब तक रुको नहीं, जब तक कि लक्ष्य प्राप्त न हो जाए।" पर अमल करके व्यक्ति अपना ही नहीं, सार्वभौमिक कल्याण कर सकता है। यही उनके प्रति हमारी सच्ची श्रद्धांजलि होगी।

प्रस्तुत पुस्तक 'धर्म की साधना' में स्वामीजी ने भारत के प्राचीन गौरव का उल्लेख करते हुए देश के युवकों का आह्वान किया है कि यही उचित समय है, जब वे हिंदू धर्म के प्राचीन गौरव की पुनःस्थापना हेतु जुट जाएँ। यह अनेक सवालों और जिज्ञासाओं की प्रतिपूर्ति करनेवाली एक प्रेरक और ज्ञानवर्धक पुस्तक है।

# अनुक्रम

# सभी धर्म सत्य

शिक्षा का अर्थ है, उस पूर्णता की अभिव्यक्ति, जो सब मनुष्यों में पहले ही से विद्यमान है। जिस प्रकार बहुत सी नदियाँ, जिनका उद्‌गम विभिन्न पर्वतों से होता है, टेढ़ी या सीधी बहकर अंत में समुद्र ही में गिरती हैं, उसी प्रकार ये सभी विभिन्न संप्रदाय तथा धर्म, जो विभिन्न दृष्टि-बिंदुओं से प्रकट होते हैं, सीधे या टेढ़े मार्गों से चलते हुए भी अंततः ईश्वर को प्राप्त होते हैं।

किसी एक धर्म का सत्य होना, अन्य सभी धर्मों के सत्य होने के ऊपर निर्भर करता है। उदाहरणस्वरूप, अगर मेरी छह उँगलियाँ हैं और किसी दूसरे व्यक्ति के नहीं हैं तो तुम कह सकते हो कि मेरे छह उँगलियों का होना असामान्य है। यही बात इस तर्क के संबंध में भी कही जा सकती है कि कोई एक धर्म सत्य है और अन्य सभी झूठे हैं। किसी एक ही धर्म का सत्य होना, वैसा ही अस्वाभाविक है, जैसा संसार में किसी एक ही व्यक्ति के छह उँगलियों का होना। इस तरह हम देखते हैं कि अगर कोई एक धर्म सत्य है तो अन्य सभी धर्म भी सत्य हैं। उनके असारभूत तत्त्वों में अंतर पड़ सकता है, पर तत्त्वतः सभी एक हैं। अगर मेरी पाँच उँगलियाँ सत्य हैं तो वे सिद्ध करती हैं कि तुम्हारी पाँच उँगलियाँ भी सत्य हैं।

क्या धर्म को भी स्वयं को उस बुद्धि के आविष्कारों द्वारा सत्य प्रमाणित करना है, जिसकी सहायता से अन्य सभी विज्ञान अपने को सत्य सिद्ध करते हैं? बाह्य विज्ञान के क्षेत्र में जिन अन्वेषण-पद्धतियों का प्रयोग होता है, क्या उन्हें धर्म-विज्ञान के क्षेत्र में भी प्रयुक्त किया जा सकता है? मेरा विचार है कि ऐसा अवश्य

होना चाहिए और मेरा अपना विश्वास भी है कि यह कार्य जितना शीघ्र हो, उतना ही अच्छा। यदि कोई धर्म इन अन्वेषणों द्वारा ध्वंसप्राप्त हो जाए तो वह सदा से निरर्थक धर्म था, कोरे अंधविश्वास का एवं वह जितनी जल्दी दूर हो जाए, उतना ही अच्छा। मेरी अपनी दृढ़ धारणा है कि ऐसे धर्म का लोप होना एक सर्वश्रेष्ठ घटना होगी। सारा मैल धुल जरूर जाएगा, पर इस अनुसंधान के फलस्वरूप धर्म के शाश्वत तत्त्व विजयी होकर निकल आएँगे। वह केवल विज्ञानसम्मत ही नहीं होगा, कम-से-कम उतना ही वैज्ञानिक, जितनी कि भौतिकी या रसायनशास्त्र की उपलब्धियाँ हैं। प्रत्युत और भी अधिक सशक्त हो उठेगा, क्योंकि भौतिक या रसायनशास्त्र के पास अपने सत्यों को सिद्ध करने का अंतर्साक्ष्य नहीं है, जो धर्म को उपलब्ध है।

*धर्म का अध्ययन अब पहले की अपेक्षा अधिक व्यापक आधार पर होना चाहिए। धर्म संबंधी सभी संकीर्ण, सीमित, युद्धरत धारणाओं को नष्ट होना चाहिए। संप्रदाय, जाति या राष्ट्र की भावना पर आधारित सारे धर्मों का परित्याग करना होगा। हर जाति या राष्ट्र का अपना-अपना अलग ईश्वर मानना और दूसरों को भ्रांत कहना एक अंधविश्वास है, उसे अतीत की वस्तु हो जाना चाहिए।*

धर्म का अध्ययन अब पहले की अपेक्षा अधिक व्यापक आधार पर होना चाहिए। धर्म संबंधी सभी संकीर्ण, सीमित, युद्धरत धारणाओं को नष्ट होना चाहिए। संप्रदाय, जाति या राष्ट्र की भावना पर आधारित सारे धर्मों का परित्याग करना होगा। हर जाति या राष्ट्र का अपना-अपना अलग ईश्वर मानना और दूसरों को भ्रांत कहना एक अंधविश्वास है, उसे अतीत की वस्तु हो जाना चाहिए। ऐसे सारे विचारों से मुक्ति पाना होगा। अब प्रश्न आता है कि क्या धर्म सचमुच कुछ कर सकता है? हाँ, कर सकता है।

यह मनुष्य को शाश्वत जीवन प्रदान करता है। आज मनुष्य जिस स्थिति में है, वह धर्म ही की बदौलत है और धर्म ही इस मानव पशु को एक ईश्वर बना देगा। यह है धर्म की क्षमता। मानव-समाज से धर्म को निकाल दो, फिर शेष क्या बचेगा? पशुओं से भरे जंगल के अतिरिक्त कुछ भी नहीं। जैसा कि मैं अभी कह

चुका हूँ, इंद्रिय-सुख को मानवता का चरम लक्ष्य मानना महज मूर्खता है; मानव जीवन का लक्ष्य ज्ञान है।

पशु जितना आनंद अपनी इंद्रियों के माध्यम से पाता है, उससे अधिक आनंद मनुष्य अपनी बुद्धि के माध्यम से अनुभव करता है। साथ ही हम यह भी देखते हैं कि मनुष्य आध्यात्मिक प्रकृति या बौद्धिक प्रकृति से भी अधिक आनंद प्राप्त करते हैं। इसलिए मनुष्य का परम ज्ञान आध्यात्मिक ज्ञान ही है। इस ज्ञान के होते ही परमानंद ही प्राप्ति होती है। संसार की सारी चीजें मिथ्या, छाया मात्र हैं, वे परम ज्ञान और आनंद की तृतीय या चतुर्थ स्तर की अभिव्यक्तियाँ हैं।

मुख्य बात है—ईश्वर-प्राप्ति की आकांक्षा। हमारे सभी स्वार्थों की पूर्ति बाहरी संसार द्वारा हो जाती है। अत: हमें ईश्वर के सिवा अन्य सभी वस्तुओं की आकांक्षा होती है। अत: जब हमें इस बाह्य संसार के उस पार की चीजों की आवश्यकता होती है, तभी हम उनकी पूर्ति अंतस्थ स्रोत या ईश्वर से करना चाहते हैं। हमारी आवश्यकताएँ जब तक इस भौतिक सृष्टि की संकुचित सीमा के भीतर की वस्तुओं तक ही परिमित रहती हैं, तब तक हमें ईश्वर की कोई जरूरत नहीं पड़ती। जब हम यहाँ की हर एक चीज से तृप्त होकर ऊब जाते हैं, तभी हमारी सृष्टि अपनी आवश्यकताओं की पूर्ति के लिए इस सृष्टि के परे दौड़ती है। जब आवश्यकता होती है, तभी उसकी माँग भी होती है। इसलिए इस संसार की बालक्रीड़ा से जितनी जल्दी हो सके, निपट लो, तभी तुम्हें इस संसार के परे की किसी वस्तु की आवश्यकता प्रतीत होगी और तुम धर्म के प्रथम सोपान पर कदम रख सकोगे।

*ईश्वर-प्राप्ति की आकांक्षा। हमारे सभी स्वार्थों की पूर्ति बाहरी संसार द्वारा हो जाती है। अत: हमें ईश्वर के सिवा अन्य सभी वस्तुओं की आकांक्षा होती है। अत: जब हमें इस बाह्य संसार के उस पार की चीजों की आवश्यकता होती है, तभी हम उनकी पूर्ति अंतस्थ स्रोत या ईश्वर से करना चाहते हैं। हमारी आवश्यकताएँ जब तक इस भौतिक सृष्टि की संकुचित सीमा के भीतर की वस्तुओं तक ही परिमित रहती हैं, तब तक हमें ईश्वर की कोई जरूरत नहीं पड़ती।*

मेरे गुरुदेव मुझसे कहा करते थे कि तुम ऐसे लोगों को क्या कहोगे, जो आम के बाग में जाने पर पेड़ों की पत्तियाँ गिनने, पत्तों के रंग जाँचने, शाखाओं की मोटाई नापने तथा उनकी संख्या गिनने इत्यादि में लगे रहें, जबकि उनमें से केवल एक ही में आम खाने की बुद्धि हो। अतः पत्ते और शाखाओं की गिनती करना और टिप्पणी तैयार करना दूसरों के लिए छोड़ दो। इन सब कार्यों का महत्त्व अपने उपयुक्त स्थान में है, पर इस धार्मिक क्षेत्र में नहीं। ऐसी चेष्टा से मनुष्य धार्मिक नहीं बन सकते। इन 'पत्ते गिननेवालों' में तुम्हें श्रेष्ठ धार्मिक शक्तिसंपन्न मनुष्य कदापि नहीं मिल सकता। मनुष्य का सर्वोपरि उद्‌देश्य, सर्वश्रेष्ठ पराक्रम धर्म है, किंतु उसके लिए 'पत्ते गिनने' की कोई आवश्यकता नहीं है। यदि तुम ईसाई होना चाहते हो तो यह जानना आवश्यक नहीं कि ईसा मसीह कहाँ पैदा हुए थे, यरूशलम में या बेथलहम में; या उन्होंने 'शैलोपदेश' ठीक किस तारीख को सुनाया था! तुम्हें तो मात्र उस 'शैलोपदेश' को अनुभव करने की आवश्यकता है। यह उपदेश किस समय दिया गया, इस विषय में दो हजार शब्द पढ़ने की जरूरत नहीं। वह सब तो विद्वानों के विलास के लिए हैं। उन्हें उसे भोगने दो, 'तथास्तु' कह दो और आओ, हम आम खाएँ।

*मेरे गुरुदेव मुझसे कहा करते थे कि तुम ऐसे लोगों को क्या कहोगे, जो आम के बाग में जाने पर पेड़ों की पत्तियाँ गिनने, पत्तों के रंग जाँचने, शाखाओं की मोटाई नापने तथा उनकी संख्या गिनने इत्यादि में लगे रहें, जबकि उनमें से केवल एक ही में आम खाने की बुद्धि हो।*

धर्म का उद्‌देश्य धर्म ही है। जो धर्म केवल सांसारिक सुख का साधन मात्र है, वह अन्य चाहे जो कुछ भी हो, पर धर्म नहीं है। हरेक धर्म का लक्ष्य तथा साध्य भगवत्प्राप्ति ही है। सभी शिक्षाओं से बड़ी शिक्षा केवल भगवान् की ही आराधना करने की है। धर्म एक ही है, परंतु इसकी साधना में अनेकता होनी ही चाहिए। मनुष्य किसी धर्म में जन्म नहीं लेता, उसका धर्म तो उसकी आत्मा में ही सन्निहित होता है।

धर्म के बारे में कभी झगड़ा मत करो। धर्म संबंधी सभी झगड़ा-फसादों से केवल यह प्रकट होता है कि आध्यात्मिकता नहीं है। धार्मिक झगड़े सदा खोखली

बातों के लिए होते हैं, जब पवित्रता नहीं रहती, जब आध्यात्मिकता विदा हो जाती है और आत्मा को नीरस बना देती है, तब झगड़े शुरू होते हैं, इसके पहले नहीं। धर्म ईश्वर की प्राप्ति है।

सच्चा धर्म पूर्ण रूप से परात्पर भूमि का विषय है। विश्व में रहनेवाले प्रत्येक जीव में इंद्रियातीत होने की शक्ति सुप्त भाव में विद्यमान है। छोटे-से-छोटा कीड़ा भी एक दिन इंद्रियातीत हो जाएगा और परमेश्वर तक पहुँच जाएगा। कोई भी जीवन व्यर्थ न होगा। इस विश्व में 'व्यर्थ' नामक कोई वस्तु है ही नहीं। धर्म अधिकांश लोगों के लिए एक प्रकार की बौद्धिक सम्मति देने मात्र में ही समाप्त हो जाता है, मैं इसे धर्म नहीं कहता। इस तरह का धर्म पालन करने की अपेक्षा तो नास्तिक होना अच्छा है। तुम इस बात को ध्यान में रखो कि धर्म न बातों में है, न सिद्धांतों में और न पुस्तकों में, बल्कि वह है प्रत्यक्ष अनुभव में।

> ***सच्चा धर्म पूर्ण रूप से परात्पर भूमि का विषय है। विश्व में रहनेवाले प्रत्येक जीव में इंद्रियातीत होने की शक्ति सुप्त भाव में विद्यमान है। छोटे-से-छोटा कीड़ा भी एक दिन इंद्रियातीत हो जाएगा और परमेश्वर तक पहुँच जाएगा। कोई भी जीवन व्यर्थ न होगा। इस विश्व में 'व्यर्थ' नामक कोई वस्तु है ही नहीं।***

यहाँ धर्म के क्षेत्र में हम सब बच्चे ही हैं। हम उम्र में चाहे बूढ़े हों, संसार की सारी पुस्तकों का अध्ययन चाहे हमने कर लिया हो, पर आध्यात्मिक क्षेत्र में तो हम सब बच्चे ही हैं। हमने सूत्रों और सिद्धांतों का तो अध्ययन किया है, पर अपने जीवन में अनुभूति या साक्षात्कार कुछ भी नहीं किया।

कुछ व्यक्तियों की धारणा है कि दुनिया में केवल एक ही धर्म, एक ही ईश्वरावतार या एक ही पैगंबर हो सकता है, किंतु यह धारणा सत्य नहीं है। इन सब महापुरुषों के जीवन का अध्ययन और मनन करने पर हमें ज्ञात होगा कि उनमें से प्रत्येक को विधाता ने मानो केवल एक, बस एक अंश का अभिनय करने के लिए ही निर्दिष्ट किया था। हम यह भी देखेंगे कि सब स्वरों के समन्वय से ही एक लयता उत्पन्न होती है, किसी एक स्वर से नहीं।

मैंने अपने अल्प अनुभव से यही सीखा है कि धर्म में जो दोष एवं त्रुटियाँ लोग देखते हैं, उनके लिए धर्म का कोई उत्तरदायित्व नहीं है, उसमें धर्म का कोई दोष नहीं है। धर्म ने कभी मनुष्यों पर अत्याचार करने की आज्ञा नहीं दी, धर्म ने कभी स्त्रियों को चुड़ैल और डायन कहकर जीवित जला देने का आदेश नहीं दिया। किसी धर्म ने कभी इस प्रकार अन्यायपूर्ण कार्य करने की शिक्षा नहीं दी। तब लोगों को ये अत्याचार, ये अनाचार करने के लिए किसने उत्तेजित किया? राजनीति ने, धर्म ने नहीं और यदि इस प्रकार कुटिल राजनीति धर्म का स्थान अपहरण कर ले, धर्म का नाम धारण कर ले तो यह दोष किसका है?

मेरा धर्म अथवा तुम्हारा धर्म, मेरा राष्ट्रीय धर्म तथा तुम्हारा राष्ट्रीय धर्म अथवा नाना प्रकार के अलग-अलग धर्म आदि विषय वास्तव में कभी नहीं थे। संसार में केवल एक ही धर्म है। अनंत काल से मात्र एक ही सनातन धर्म चला आ रहा है और सदा यही रहेगा तथा यही एक धर्म भिन्न-भिन्न देशों में भिन्न-भिन्न रीति से प्रकट होता है। मैं यह नहीं समझ पाता कि कुछ लोग यह कहते हुए भी कि 'मैं ईश्वर में पूर्ण श्रद्धा रखता हूँ', यह भाव कैसे रखते हैं कि ईश्वर ने कुछ थोड़े से ही लोगों को सारे सत्य का ठेका दे दिया है और वे ही सारी शेष मनुष्य जाति के संरक्षक हैं।

*मेरा धर्म अथवा तुम्हारा धर्म, मेरा राष्ट्रीय धर्म तथा तुम्हारा राष्ट्रीय धर्म अथवा नाना प्रकार के अलग-अलग धर्म आदि विषय वास्तव में कभी नहीं थे। संसार में केवल एक ही धर्म है। अनंत काल से मात्र एक ही सनातन धर्म चला आ रहा है और सदा यही रहेगा तथा यही एक धर्म भिन्न-भिन्न देशों में भिन्न-भिन्न रीति से प्रकट होता है।*

समस्त धर्म-जगत् भिन्न-भिन्न रुचिवाले स्त्री-पुरुषों की विभिन्न अवस्थाओं एवं परिस्थितियों में से होते हुए एक ही लक्ष्य की ओर यात्रा है, प्रगति है। प्रत्येक धर्म जड़ भावापन्न मानव से एक ईश्वर का उद्‌भव कर रहा है और वही ईश्वर उन सबका प्रेरक है। मनुष्य को ईश्वर का साक्षात्कार करके दिव्य बनना है। मूर्तियाँ, मंदिर, गिरजाघर या ग्रंथ तो धर्म-जीवन की बाल्यावस्था में

केवल आधार या सहायक मात्र हैं; पर उससे उत्तरोत्तर उन्नति ही करनी चाहिए।

मनुष्य को ईश्वर-प्राप्ति करनी चाहिए, ईश्वर का अनुभव करना चाहिए, ईश्वर का प्रत्यक्ष दर्शन करना चाहिए तथा उससे बातचीत करनी चाहिए, यही धर्म है। मानव मात्र के लिए स्नेह और दया ही सच्ची धार्मिकता की परख है। जब जीवन की वर्तमान अवस्था में भयानक अशांति उत्पन्न हो जाती है, तब अपने जीवन के प्रति भी ममता नहीं रह जाती, जब इस जोड़-गाँठ पर अपार घृणा उत्पन्न हो जाती है, जब मिथ्या और पाखंड के प्रति प्रबल वितृष्णा उत्पन्न हो जाती है, तभी धर्म का प्रारंभ होता है।

अज्ञानपूर्वक केवल खा-पीकर जीने की अपेक्षा मरना ही अच्छा है। पराजित होकर जीने की अपेक्षा युद्धक्षेत्र में मरना श्रेयस्कर है। यही धर्म की भित्ति है। जब मनुष्य इस भित्ति पर खड़ा होता है, तब समझना चाहिए कि वह सत्य की प्राप्ति के पथ पर, ईश्वर की प्राप्ति के पथ पर चल रहा है। धार्मिक होने के लिए भी पहले यह दृढ़ प्रतिज्ञा आवश्यक है कि मैं अपना रास्ता स्वयं ढूँढ़ लूँगा। सत्य को जानूँगा अथवा इस प्रयत्न में प्राण दे दूँगा। कारण—संसार की ओर से तो और कुछ पाने की आशा है ही नहीं, यह तो शून्यस्वरूप है, दिन-रात उड़ता जा रहा है।

*अज्ञानपूर्वक केवल खा-पीकर जीने की अपेक्षा मरना ही अच्छा है। पराजित होकर जीने की अपेक्षा युद्धक्षेत्र में मरना श्रेयस्कर है। यही धर्म की भित्ति है। जब मनुष्य इस भित्ति पर खड़ा होता है, तब समझना चाहिए कि वह सत्य की प्राप्ति के पथ पर, ईश्वर की प्राप्ति के पथ पर चल रहा है। धार्मिक होने के लिए भी पहले यह दृढ़ प्रतिज्ञा आवश्यक है कि मैं अपना रास्ता स्वयं ढूँढ़ लूँगा।*

दूसरी ओर है विजय का प्रलोभन। जीवन के समस्त अशुभों पर विजय-प्राप्ति की संभावना है, और तो और स्वयं जीवन एवं जगत् पर भी विजय-प्राप्ति की संभावना है। इसी उपाय से मनुष्य अपने पैरों पर खड़ा हो सकता है।

हमारे गुरुदेव कहा करते थे, "गिद्ध बहुत ऊँचे उड़ते हैं, किंतु उनकी दृष्टि रहती है जानवरों के शव की ओर।" जो हो, तुममें धर्म के संबंध में जो सब

धारणाएँ हैं, उनका फल क्या है, बताओ तो सही! मार्ग स्वच्छ करना और उत्तम प्रकार का अन्न-वस्त्र एकत्र करना? अन्न-वस्त्र के लिए कौन चिंता करता है? प्रति मुहूर्त लाखों व्यक्ति आ रहे हैं, लाखों जा रहे हैं, कौन परवाह करता है? इस क्षुद्र जगत् के सुख-दु:ख को ग्राह्य मानते ही क्यों हो? यदि साहस हो तो उनके बाहर चले जाओ। सब नियमों के बाहर चले जाओ, समग्र जगत् उड़ जाए, पर तुम अकेले आकर खड़े हो जाओ। 'हम परम सत् हैं, परम चित्त और परम आनंदस्वरूप—सोऽहं, सोऽहं।'

धर्म अनुभूति की वस्तु है। वह मुख की बात, मतवाद अथवा युक्तिमूलक कल्पना मात्र नहीं है, चाहे वह जितना भी सुंदर हो। आत्मा की ब्रह्मस्वरूपता को जान लेना, तदनुरूप हो जाना, उनका साक्षात्कार करना, यही धर्म है। यह केवल सुनने या मान लेने की चीज नहीं है। समस्त मन-प्राण विश्वास की वस्तु के साथ एक हो जाएगा।

*धर्म अनुभूति की वस्तु है। वह मुख की बात, मतवाद अथवा युक्तिमूलक कल्पना मात्र नहीं है, चाहे वह जितना भी सुंदर हो। आत्मा की ब्रह्मस्वरूपता को जान लेना, तदनुरूप हो जाना, उनका साक्षात्कार करना, यही धर्म है। यह केवल सुनने या मान लेने की चीज नहीं है। समस्त मन-प्राण विश्वास की वस्तु के साथ एक हो जाएगा।*

सभी धर्मभावों की पृष्ठभूमि केवल त्याग ही है और तुम यह सदैव देखोगे कि जैसे-जैसे त्याग का भाव क्षीण होता जाता है, वैसे-वैसे धर्म के क्षेत्र में इंद्रियों का प्रभाव बढ़ता जाता है और उसी प्रमाण में आध्यात्मिकता का ह्रास होता जाता है। हिंदू भावों को अंग्रेजी में व्यक्त करना, फिर शुष्क दर्शन, पेचीदी पौराणिक कथाएँ और अनूठे आश्चर्यजनक मनोविज्ञान से एक ऐसे धर्म का निर्माण करना, जो सरल, सहज और लोकप्रिय हो और उसके साथ ही उन्नत मस्तिष्क वालों को संतुष्ट कर सके, इस कार्य की कठिनाइयों को वे ही समझ सकते हैं, जिन्होंने इसके लिए प्रयत्न किया हो। अद्वैत के गूढ़ सिद्धांतों में नित्य प्रति के जीवन के लिए कविता का रस और जीवनदायिनी शक्ति उत्पन्न करनी है; अत्यंत उलझी हुई पौराणिक कथाओं में से साकार नीति के नियम निकालने हैं और बुद्धि को भ्रम

में डालनेवाली योग-विद्या से अत्यंत वैज्ञानिक एवं क्रियात्मक मनोविज्ञान का विकास करना है तथा इन सबको एक ऐसे रूप में लाना पड़ेगा कि बच्चा-बच्चा इसे समझ सके। मेरे जीवन का यही कार्य है।

मैं एक ऐसे धर्म का प्रचार करना चाहता हूँ, जो सब प्रकार की मानसिक अवस्था वाले लोगों के लिए उपयोगी हो; जिसमें ज्ञान, भक्ति, योग और कर्म समभाव से रहेंगे। यदि कॉलेज से वैज्ञानिक और भौतिकशास्त्री अध्यापक आएँ तो वे युक्ति-तर्क पसंद करेंगे। उनको जहाँ तक संभव हो, युक्ति-तर्क करने दो।

इसी तरह यदि कोई योगप्रिय व्यक्ति आए, तो हम उनकी आदर के साथ अभ्यर्थना करके वैज्ञानिक भाव से मनस्तत्त्व-विश्लेषण कर देने और उनकी आँखों के सामने उसका प्रयोग दिखाने को प्रस्तुत रहेंगे। यदि भक्त लोग आएँ तो हम उनके साथ एकत्र बैठकर भगवान् के नाम पर हँसेंगे और रोएँगे, प्रेम का प्याला पीकर उन्मत्त हो जाएँगे। यदि एक पुरुषार्थ कर्मी आए तो उनके साथ यथासाध्य काम करें। भक्ति, योग, ज्ञान और कर्म के इस प्रकार का समन्वय सार्वभौमिक धर्म का अत्यंत निकटतम आदर्श होगा। भगवान् की इच्छा से यदि सब लोगों के मन में इस ज्ञान, योग, भक्ति एवं कर्म का प्रत्येक भाव ही पूर्ण मात्रा में और साथ ही समभाव से विद्यमान रहे तो मेरे मत से मानव का सर्वश्रेष्ठ आदर्श यही होगा। जिसके चरित्र में इन भावों में से एक या दो प्रस्फुटित हुए हैं, मैं उनको एकपक्षीय कहता हूँ और सारा संसार ऐसे ही लोगों से भरा हुआ है, जो मात्र अपना ही रास्ता जानते हैं। इसके सिवाय अन्य जो कुछ हैं, वह सब उनके निकट विपत्तिकर और भयंकर हैं। इस तरह चारों ओर समभाव से विकास लाभ करना ही 'मेरे' कहे हुए धर्म का आदर्श है।

*मैं एक ऐसे धर्म का प्रचार करना चाहता हूँ, जो सब प्रकार की मानसिक अवस्था वाले लोगों के लिए उपयोगी हो; जिसमें ज्ञान, भक्ति, योग और कर्म समभाव से रहेंगे। यदि कॉलेज से वैज्ञानिक और भौतिकशास्त्री अध्यापक आएँ तो वे युक्ति-तर्क पसंद करेंगे। उनको जहाँ तक संभव हो, युक्ति-तर्क करने दो।*

यदि कभी कोई सार्वभौमिक धर्म होता है तो वह किसी देश या काल से

सीमाबद्ध नहीं होगा, वह उस असीम ईश्वर के सदृश ही असीम होगा। वरन् इन सबकी समष्टि होगा, किंतु फिर भी जिसमें विकास के लिए अनंत अवकाश होगा, जो इतना उदार होगा कि पशुओं के स्तर से किंचित् उन्नत निम्नतम घृणित जंगली मनुष्य से लेकर अपने हृदय और मस्तिष्क के गुणों के कारण मानवता से इतना ऊपर उठ गए कि उच्चतम मनुष्य तक को, जिसके प्रति सारा समाज श्रद्धावनत हो जाता है और लोग जिसके मनुष्य होने में संदेह करते हैं, अपनी बाहुओं से आलिंगन कर सकें तथा उनमें सबको स्थान दे सकें। वह धर्म ऐसा होगा, जिसकी नीति में उत्पीड़ित या असहिष्णुता का स्थान नहीं होगा; वह प्रत्येक स्त्री व पुरुष में दिव्यता को स्वीकार करेगा और उनका संपूर्ण बल एवं सामर्थ्य मानवता को अपनी सच्ची, दिव्य प्रकृति का साक्षात्कार कराने के लिए सहायता देने में ही केंद्रित होगा।

□

# वेदांत तत्त्वज्ञान और अभ्यास

जड़वादी कहता है कि मुक्ति की वाणी एक भ्रम है। विज्ञानवादी कहता है कि बंधन का अस्तित्व बतलाने वाली वाणी भ्रम है। वेदांती कहता है, "तुम एक ही साथ मुक्त और बद्ध दोनों हो। पार्थिव स्तर पर तुम कभी भी मुक्त नहीं हो, किंतु पारमार्थिक या आध्यात्मिक स्तर पर तुम नित्य मुक्त हो।"

वेदांत दर्शन अत्यंत प्राचीन है। यह दर्शन उस विशाल पुरातन आर्य साहित्य से उद्‌गत हुआ है, जिसे वेदों के नाम से पुकारते हैं। यह वेदांत दर्शन, मानो शताब्दियों तक संगृहीत और चयन किए गए उस विशाल साहित्य के अंतर्गत सभी विचारधाराओं, अनुभवों तथा विवेचनों का सर्वोत्तम पुष्प है। इस वेदांत दर्शन की कतिपय विशेषताएँ हैं। प्रथमतः, यह पूर्णरूपेण अवैयक्तिक है। इसकी उत्पत्ति किसी व्यक्ति-विशेष या धर्मगुरु से नहीं हुई। एक व्यक्ति-विशेष को केंद्र में रखकर वह अपनी प्रतिष्ठा नहीं करता। परंतु जो दर्शन किसी व्यक्ति-विशेष को केंद्रित करके प्रतिपादित हुए हैं, उनके विरुद्ध भी इसको कुछ कहना नहीं है।

भारत में संप्रति जितने दार्शनिक संप्रदाय हैं, वे सभी वेदांत दर्शन के अंतर्गत आते हैं। वेदांत की कई प्रकार की व्याख्याएँ हुई हैं और मेरे विचार से वे सभी प्रगतिशील रही हैं। प्रारंभ में व्याख्याएँ द्वैतवादी हुईं, पर अंत में अद्वैतवादी।

वेदांत और आधुनिक विज्ञान, दोनों ही जगत् के कारणस्वरूप एक ऐसी वस्तु का निर्देश करते हैं, जिससे अन्य किसी की सहायता के बिना जगत् में प्रकाश होता है। समस्त कारण स्वयं उसी में हैं। जैसे कुम्हार मिट्टी से घट का निर्माण करता है तो यहाँ कुम्हार होता है—निमित्त-कारण, मिट्टी होती

है—समवायी उपादान-कारण और कुम्हार का चक्र होता है—असमवायी उपादान-कारण। किंतु आत्मा ही ये तीनों कारण है। आत्मा कारण भी है और अभिव्यक्ति का कार्य भी। वेदांती कहते हैं, "यह जगत् सत्य नहीं है, यह तो आपात प्रतीयमान सत्ता मात्र है। प्रकृति आदि कुछ भी नहीं है, अविद्यारूपी आवरण में से एकमात्र ब्रह्म ही प्रकाशित है।" विशिष्टाद्वैतवादी कहते हैं, "ईश्वर ही प्रकृति का जगत्प्रपंच हुआ है।" अद्वैतवादी स्वीकार करते हैं, "ईश्वर इस जगत्प्रपंच के रूप में प्रतीयमान होता अवश्य है, किंतु वह यह जगत् नहीं है।"

*वेदांत दर्शन एक सिद्धांत, जो विश्व के सभी धर्मों में पाया जाता है, प्रतिपादित करता है और यह दावा करता है कि मनुष्य वस्तुतः दिव्य है तथा जो कुछ भी हम लोग अपने चारों ओर देखते हैं, वह उसी दिव्यता के बोध से उद्भूत हुआ है। हर एक वस्तु, जो सुंदर, बलयुक्त तथा कल्याणकारी है और मानव प्रकृति में जो कुछ भी शक्तिशाली है, वह सब उसी दिव्यता से उद्भूत है।*

वेदांत दर्शन एक सिद्धांत, जो विश्व के सभी धर्मों में पाया जाता है, प्रतिपादित करता है और यह दावा करता है कि मनुष्य वस्तुतः दिव्य है तथा जो कुछ भी हम लोग अपने चारों ओर देखते हैं, वह उसी दिव्यता के बोध से उद्भूत हुआ है। हर एक वस्तु, जो सुंदर, बलयुक्त तथा कल्याणकारी है और मानव प्रकृति में जो कुछ भी शक्तिशाली है, वह सब उसी दिव्यता से उद्भूत है। यह दिव्यता यद्यपि बहुतों में अव्यक्त रहती है। मूलतः मनुष्य-मनुष्य में कोई भेद नहीं है, सभी समानरूपेण दिव्य हैं। यह ऐसा ही है, जैसे पीछे एक अनंत समुद्र है तथा उस अनंत समुद्र में हम और तुम लोग इतनी सारी लहरें एवं हममें से हर एक उस अनंत को बाहर व्यक्त करने के निमित्त प्रयत्नशील है।

वेदांत का एक दूसरा विशिष्ट सिद्धांत यह है कि हम लोगों को धार्मिक विचारों की अनंत विविधता को स्वीकार करना चाहिए और हर एक को एक ही विचारधारा के अंतर्गत लाने का प्रयत्न नहीं करना चाहिए, क्योंकि लक्ष्य तो यह ही है। जैसा कि एक वेदांती अपनी काव्यमयी भाषा में कहता है, जिस प्रकार

बहुत सी नदियाँ, जिनका उद्गम विभिन्न पर्वतों से होता है, टेढ़ी या सीधी बहकर अंत में समुद्र ही में गिरती हैं, उसी प्रकार से सभी विभिन्न संप्रदाय तथा धर्म, जो विभिन्न दृष्टि-बिंदुओं से प्रकट होते हैं, सीधे या टेढ़े मार्गों से चलते हुए भी अंततः तुम्हीं को प्राप्त होते हैं।

वेदांत यह नहीं कहता कि संसार केवल दुःखमय है, ऐसा कहना ही भूल है। और जगत् सुख से परिपूर्ण है, यह कहना भी ठीक नहीं है। बालकों को यह शिक्षा देना भूल है कि यह जगत् केवल मधुमय है, यहाँ केवल सुख है, केवल फूल है या केवल सौंदर्य है। हम सारे जीवन इन्हीं का स्वप्न देखते रहते हैं, फिर किसी व्यक्ति ने दूसरे की अपेक्षा अधिक दुःख भोगा है, इसीलिए सबके सब दुःखमय है, यह कहना भी भूल है। संसार बस इस द्वैतभावपूर्ण अच्छे-बुरे का खेल है। वेदांत इसके साथ ही कहता है, "यह न सोचें कि अच्छा और बुरा दो संपूर्ण पृथक् वस्तुएँ हैं। वास्तव में वे एक ही वस्तु हैं। वह एक वस्तु ही भिन्न-भिन्न रूप से, भिन्न-भिन्न आकार में आविर्भूत हो एक ही व्यक्ति के मन में भिन्न-भिन्न भाव उत्पन्न कर रही है।

*वेदांत यह नहीं कहता कि संसार केवल दुःखमय है, ऐसा कहना ही भूल है। और जगत् सुख से परिपूर्ण है, यह कहना भी ठीक नहीं है। बालकों को यह शिक्षा देना भूल है कि यह जगत् केवल मधुमय है, यहाँ केवल सुख है, केवल फूल है या केवल सौंदर्य है।*

वेदांत दर्शन परम निराशावाद को लेकर प्रारंभ होता है और उसकी समाप्ति होती है यथार्थ आशावाद में। हम ऐंद्रिक आशावाद को अस्वीकार करते हैं, परंतु इंद्रियातीत आत्मानुभूमि पर आधारित सच्चे आशावाद को स्वीकार करते हैं। यथार्थ सुख इंद्रियों में नहीं, इंद्रियों से परे है और वह प्रत्येक व्यक्ति में विद्यमान है। संसार में हम जो तथाकथित आशावाद देखते हैं, वह हमें इंद्रियपरायण बनाकर विनाश की ओर ले जाता है।

वेदांत का उद्देश्य ही इन सब वस्तुओं में भगवान् का दर्शन करना है, उनका जो रूप आपाततः प्रतीत होता है, वह न देखकर हमें उनको उनके प्रकृत स्वरूप में जानना है। वेदांत कहता है कि तुम पवित्र और पूर्ण हो। एक अवस्था

ऐसी भी है, जो कि पाप व पुण्य से परे है और वही तुम्हारा प्रकृत स्वरूप है। वह अवस्था पुण्य से भी ऊँची है। पुण्य में भी भेद-ज्ञान है, किंतु पाप से कम। हमारे यहाँ पाप विषयक कोई सिद्धांत नहीं, हम तो उसे अज्ञान कहते हैं।

वेदांत मानता है कि धर्म तो वर्तमान में ही अनुभूत होनेवाला विषय है, क्योंकि उसके अनुसार यह जन्म और वह जन्म, जन्म व मरण, इहलोक एवं परलोक, ये सारी बातें अंधविश्वास तथा पूर्व धारणाओं पर आधारित हैं। काल के प्रवाह में कभी विराम नहीं होता। हाँ, अपनी धारणाओं से हम भले ही उसमें विराम मान लें। चाहे दस बजा हो या बारह, काल में कोई अंतर तो नहीं पड़ता। हाँ, प्रकृति में कुछ परिवर्तन भले ही दिख पड़ते हैं। समय का प्रवाह तो अविच्छिन्न रूप से सतत जारी रहता है। तब फिर इस जन्म और उस जन्म का क्या अभिप्राय है? यह तो केवल समय का प्रश्न है और जो काम पिछले समय में न किया जा सका हो, उसे गति को तीव्रतर करके अब पूरा किया जा सकता है। इस तरह वेदांत का कहना है कि धर्म की अनुभूति तो यहीं हो सकती है। और तुम्हारे धार्मिक होने का अर्थ है कि तुम किसी धर्म की शरण में गए बिना ही आरंभ करो और अपनी साधना से ही धर्म की अनुभूति करो। जब तुम ऐसा कर सकोगे, तभी तुम्हारा कोई धर्म होगा। उसके पहले तुम नास्तिक ही नहीं, बल्कि उससे भी बुरे हो, क्योंकि जो नास्तिक है, वह कम-से-कम सच्चा तो है। वह कहता है, "मुझे इन सारी चीजों का कोई ज्ञान नहीं," जबकि दूसरे लोग ज्ञान न रखते हुए भी संसार भर में ढिंढोरा पीटते चलते हैं, "हम बड़े धार्मिक हैं।"

*वेदांत मानता है कि धर्म तो वर्तमान में ही अनुभूत होनेवाला विषय है, क्योंकि उसके अनुसार यह जन्म और वह जन्म, जन्म व मरण, इहलोक एवं परलोक, ये सारी बातें अंधविश्वास तथा पूर्व धारणाओं पर आधारित हैं। काल के प्रवाह में कभी विराम नहीं होता। हाँ, अपनी धारणाओं से हम भले ही उसमें विराम मान लें।*

यूरोप में भी आजकल भौतिकवाद की पताका फहरा रही है। इन संदेहवादियों के उद्धार के लिए भले ही तुम प्रार्थना करो, पर वे विश्वास नहीं

करनेवाले। वे चाहते हैं—बुद्धि। यूरोप का उद्धार एक बुद्धिपरक धर्म पर निर्भर है। और द्वयतारहित, एकत्वप्रधान, निर्गुण ईश्वर प्रतिपादित करनेवाला यह अद्वैतवाद ही एक ऐसा धर्म है, जो किसी बौद्धिक जाति को संतुष्ट कर सकता है। जब कभी धर्म लुप्त होने लगता है और अधर्म का अभ्युत्थान होता है, तभी इसका आविर्भाव होता है। इसीलिए यूरोप और अमेरिका में प्रवेश प्राप्त कर यह दृढ़मूल होता जा रहा है।

मैं यह कहने का साहस कर सकता हूँ कि अद्वैतवाद ही एकमात्र ऐसा धर्म है, जो आधुनिक वैज्ञानिकों के सिद्धांतों के साथ भौतिक एवं आध्यात्मिक दोनों दिशाओं में केवल मेल ही नहीं खाता, वरन् उनसे भी आगे जाता है और इसी कारण वह आधुनिक वैज्ञानिकों को इतना भाता है। वे देखते हैं कि प्राचीन द्वैतवादी धर्म उनके लिए पर्याप्त नहीं है, उनसे उनकी आवश्यकता की पूर्ति नहीं होती।

*मैं यह कहने का साहस कर सकता हूँ कि अद्वैतवाद ही एकमात्र ऐसा धर्म है, जो आधुनिक वैज्ञानिकों के सिद्धांतों के साथ भौतिक एवं आध्यात्मिक दोनों दिशाओं में केवल मेल ही नहीं खाता, वरन् उनसे भी आगे जाता है और इसी कारण वह आधुनिक वैज्ञानिकों को इतना भाता है। वे देखते हैं कि प्राचीन द्वैतवादी धर्म उनके लिए पर्याप्त नहीं है, उनसे उनकी आवश्यकता की पूर्ति नहीं होती।*

अद्वैतवाद की एक और विशेषता यह है कि अद्वैत सिद्धांत अपने आरंभ काल से ही अविध्वंसात्मक रहा है, यह प्रचार करने के साहस का गौरव उसे प्राप्त है—

**न बुद्धिभेदं जनएदज्ञानां कर्मसंगिनाम्।**
**जोषयेत् सर्वकर्माणि विद्वान् युक्तः समाचरन्॥**

अर्थात् 'ज्ञानियों को चाहिए कि वे अज्ञानी, कर्म में आसक्त व्यक्तियों में बुद्धिभेद उत्पन्न न करें। विद्वान् व्यक्ति को स्वयं युक्त रहकर उन लोगों को सब प्रकार के कर्मों में नियुक्त करना चाहिए।' अद्वैतवाद यही कहता है कि किसी की मति को विचलित मत करो, किंतु सभी को उच्च से उच्चतर मार्ग पर जाने में सहायता दो।

संसार के सभी द्वैतवादी स्वभावतः एक ऐसे सगुण ईश्वर में विश्वास करते हैं, जो एक उच्च शक्तिसंपन्न मनुष्यमात्र है और एक लौकिक शासक की भाँति कुछ से प्रसन्न तथा कुछ से अप्रसन्न होता है। वह बिना किसी कारण ही किसी जाति के राष्ट्र से प्रसन्न है और उन पर वरदानों की वृष्टि करता रहता है। अतः द्वैतवादी के लिए यह मानना स्वाभाविक हो जाता है कि ईश्वर के कुछ विशेष कृपापात्र होते हैं और वह उनमें से एक होने की आशा करता है। तुम देखोगे कि सभी धर्मों में यह विचार पाया जाता है, "हम ही ईश्वर के प्रिय पात्र हैं। हमारी ही तरह विश्वास करने से हमारा ईश्वर तुम पर कृपा करेगा।" और कितने ही द्वैतवादी तो ऐसे हैं, जिनका मत और भी भयानक है। वे कहते हैं, "ईश्वर पूर्व विधान के अनुसार जिनके प्रति दयालु हैं, केवल उन्हीं का उद्धार होगा और शेष सब सिर पटककर भी मर जाएँ तो भी वे इस अंतरंग दल में प्रवेश नहीं पा सकते हैं।" तुम मुझे एक भी ऐसा द्वैतवादात्मक धर्म बता दो, जिसके भीतर यह संकीर्णता न हो? यही कारण है कि ये सब धर्म सदैव परस्पर युद्ध करते रहेंगे और वे करते भी यही रहे हैं।

*संसार के सभी द्वैतवादी स्वभावतः एक ऐसे सगुण ईश्वर में विश्वास करते हैं, जो एक उच्च शक्तिसंपन्न मनुष्यमात्र है और एक लौकिक शासक की भाँति कुछ से प्रसन्न तथा कुछ से अप्रसन्न होता है। वह बिना किसी कारण ही किसी जाति के राष्ट्र से प्रसन्न है और उन पर वरदानों की वृष्टि करता रहता है।*

यह पुनर्जन्म का सिद्धांत मानवात्मा के अमरत्व संबंधी दूसरे सिद्धांत के साथ-साथ चलता है। कोई भी वस्तु ऐसी नहीं, जिसका किसी एक बिंदु पर अंत तो होता हो, पर वह अनादि हो; और न कोई ऐसी ही वस्तु है, जिसका किसी एक बिंदु पर प्रारंभ हो, पर उसका अंत न हो। हम इस विकट असंभाव्यता में कदापि विश्वास नहीं कर सकते कि 'मानवात्मा' का कोई आदि है। पुनर्जन्म का सिद्धांत आत्मा की स्वतंत्रता को प्रतिपादित करता है।

जो शून्य से आया है, वह अवश्य शून्य में ही मिल जाएगा। हममें से कोई भी शून्य से नहीं आया, इसलिए हम शून्य में नहीं मिलेंगे। हम अनंत काल

से विद्यमान हैं और रहेंगे और विश्व-ब्रह्मांड में ऐसी कोई शक्ति नहीं है, जो हम लोगों का अस्तित्व मिटा सके। इस पुनर्जन्मवाद से हमें किसी तरह डरना नहीं चाहिए, क्योंकि वही तो मानव की नैतिक उन्नति का प्रधान सहायक है। चिंतनशील व्यक्तियों का यही न्यायसंगत सिद्धांत है। यदि भविष्य में चिरकाल के लिए तुम्हारा अस्तित्व रहना संभव हो तो यह भी सच है कि अनादि काल से तुम्हारा अस्तित्व था, इसके अतिरिक्त और कुछ हो ही नहीं सकता।

आत्मा न कभी आती है, न जाती है; यह न तो कभी जन्म लेती है और न कभी मरती है। प्रकृति ही आत्मा के सम्मुख गतिशील है और इस गति की छाया आत्मा पर पड़ती रहती है। भ्रमवश आत्मा सोचती है कि प्रकृति नहीं, बल्कि वही गतिशील है। जब तक आत्मा ऐसा सोचती रहती है, तब तक वह बंधन में रहती है, किंतु जब उसे यह पता चल जाता है कि वह सर्वव्यापक है तो वह मुक्ति का अनुभव करती है। जब तक आत्मा बंधन में रहती है, तब तक उसे जीव कहते हैं। इस तरह तुमने देखा कि समझने की सुविधा के लिए ही हम ऐसा कहते हैं कि आत्मा आती है और जाती है, ठीक वैसे ही, जैसे खगोलशास्त्र में सुविधा के लिए यह कल्पना करने के लिए कहा जाता है कि सूर्य पृथ्वी के चारों तरफ घूमता है, यद्यपि वस्तुतः बात वैसी नहीं है। तो जीव, अर्थात् आत्मा ऊँचे या नीचे स्तर पर आती-जाती रहती है। यही सुप्रसिद्ध पुनर्जन्मवाद का नियम है, सृष्टि इसी नियम से बद्ध है।

*आत्मा न कभी आती है, न जाती है; यह न तो कभी जन्म लेती है और न कभी मरती है। प्रकृति ही आत्मा के सम्मुख गतिशील है और इस गति की छाया आत्मा पर पड़ती रहती है। भ्रमवश आत्मा सोचती है कि प्रकृति नहीं, बल्कि वही गतिशील है। जब तक आत्मा ऐसा सोचती रहती है, तब तक वह बंधन में रहती है, किंतु जब उसे यह पता चल जाता है कि वह सर्वव्यापक है तो वह मुक्ति का अनुभव करती है।*

ज्ञानयोगी के जीवन का उद्देश्य यहीं जीवन-मुक्त होना है। वे ही जीवन-मुक्त हैं, जो इस जगत् में अनासक्त होकर वास कर सकते हैं। वे जल में

पद्‍म-पत्र के समान रहते हैं, जैसे जल में रहने पर भी जल उसे कदापि भिगो नहीं सकता, उसी प्रकार वे जगत् में निर्लिप्त भाव से रहते हैं। वे मनुष्य जाति में सर्वश्रेष्ठ हैं, केवल इतना ही क्यों, सकल प्राणियों में सर्वश्रेष्ठ हैं, क्योंकि उन्होंने उस पूर्ण पुरुष के साथ अभेद भाव उपलब्ध किया है; उन्होंने उपलब्धि की है कि वे भगवान् के साथ अभिन्न हैं।

जिन लोगों ने आत्मा को प्राप्त कर लिया है, जिन्होंने सत्य का साक्षात्कार कर लिया है, उनके लिए अतीत जीवन के शुभ-संस्कार, शुभ-वेग ही बचा रहता है। शरीर में वास करते हुए भी और अनवरत कर्म करते हुए वे केवल सत्कर्म ही करते हैं; उनके मुख से सबके प्रति केवल आशीर्वाद ही निकलता है, उनके हाथ केवल सत्कार्य ही करते हैं, उनका मन केवल सच्चिंतन ही कर सकता है, उनकी उपस्थिति ही, चाहे वे कहीं भी रहें, सर्वत्र मानव जाति के लिए महान् आशीर्वाद होती है।

*कुछ लोग हैं, जो अद्वैतवाद को समझते तो हैं नहीं, पर उसके उपदेशों को उपहास का विषय बनाते हैं। वे कहते हैं, "शुद्ध और अशुद्ध क्या है? पुण्य और पाप में अंतर क्या है? यह सब मानवीय अंधविश्वास है।" और वे अपने कार्यों में कोई नैतिक प्रतिबंध नहीं रखते। यह तो पूर्ण हठता है और ऐसी बातों का उपदेश दिए जाने से बड़ी-से-बड़ी हानि हो सकती है।*

कुछ लोग हैं, जो अद्वैतवाद को समझते तो हैं नहीं, पर उसके उपदेशों को उपहास का विषय बनाते हैं। वे कहते हैं, "शुद्ध और अशुद्ध क्या है? पुण्य और पाप में अंतर क्या है? यह सब मानवीय अंधविश्वास है।" और वे अपने कार्यों में कोई नैतिक प्रतिबंध नहीं रखते। यह तो पूर्ण हठता है और ऐसी बातों का उपदेश दिए जाने से बड़ी-से-बड़ी हानि हो सकती है।

यह शरीर पुण्य और पाप, हानिरहित पुण्य एवं हानिप्रद पापरूप दो प्रकार के कार्यों से बना है। एक काँटा मेरे शरीर में चुभा है और मैं उसे निकालने के लिए दूसरा काँटा उठाता हूँ और तब दोनों को फेंक देता हूँ। पूर्णता चाहनेवाला व्यक्ति पुण्य का काँटा लेता है और उससे पाप का काँटा निकालता है। फिर भी वह पूर्ण व्यक्ति जीवित रहता है और केवल पुण्य रह जाने से जो क्रिया का

वेग उसमें रहता है, वह निश्चय ही पुण्य का होता है। जीवन-मुक्त में किंचित् पुण्य रह जाता है और वह जीवित रहता है, पर जो कुछ वह करता है, अवश्य ही पुण्य होता है।

अतएव यदि मैं तुम्हें यह उपदेश दूँ कि तुम्हारी प्रकृति असत् है, और यह कहूँ कि तुमने कुछ भूलें की हैं, इसलिए अब तुम अपना जीवन केवल पश्चात्ताप करने तथा रोने-धोने से ही बिताओ तो इससे तुम्हारा कुछ भी उपकार न होगा, वरन् उससे और भी दुर्बल हो जाओगे। ऐसा करना, तुम्हें सत् पथ के बजाय असत् पथ दिखाना होगा। यदि हजारों साल इस कमरे में अँधेरा रहे और तुम कमरे में आकर 'हाय! बड़ा अँधेरा है! बड़ा अँधेरा है!' कह-कहकर रोते रहो तो क्या अँधेरा चला जाएगा? कभी नहीं। एक दियासलाई जलाते ही कमरा प्रकाशित हो उठेगा। अतएव जीवन भर 'मैंने बहुत दोष किए हैं, मैंने बहुत अन्याय किया है,' यह सोचने से क्या तुम्हारा कुछ भी उपकार हो सकेगा? हममें बहुत से दोष हैं, यह किसी को बतलाना नहीं पड़ता।

*अतएव यदि मैं तुम्हें यह उपदेश दूँ कि तुम्हारी प्रकृति असत् है, और यह कहूँ कि तुमने कुछ भूलें की हैं, इसलिए अब तुम अपना जीवन केवल पश्चात्ताप करने तथा रोने-धोने से ही बिताओ तो इससे तुम्हारा कुछ भी उपकार न होगा, वरन् उससे और भी दुर्बल हो जाओगे। ऐसा करना, तुम्हें सत् पथ के बजाय असत् पथ दिखाना होगा।*

ज्ञानाग्नि प्रज्वलित करो, एक क्षण में सब अशुभ चला जाएगा। अपने प्रकृत स्वरूप को पहचानो। प्रकृत 'मैं' को उसी ज्योतिर्मय उज्ज्वल, नित्यशुद्ध 'मैं' को प्रकाशित करो, प्रत्येक व्यक्ति में उसी आत्मा को जगाओ। मैं चाहता हूँ कि सभी व्यक्ति ऐसी दशा में आ जाएँ कि अति जघन्य पुरुष को भी देखकर उसकी बाह्य दुर्बलताओं की ओर से दृष्टिपात न करें, बल्कि उसके हृदय में रहनेवाले भगवान् को देख सकें और उसकी निंदा न कर यह कह सकें, "हे स्वप्रकाशक, ज्योतिर्मय, उठो! हे सदाशुद्धस्वरूप, उठो! हे अज, अविनाशी, सर्वशक्तिमान, उठो! आत्मस्वरूप प्रकाशित करो! तुम जिन क्षुद्र भावों में आबद्ध पड़े हो, वे तुम्हें सोहते नहीं।" अद्वैतवाद इसी श्रेष्ठतम

प्रार्थना का उपदेश देता है। निजस्वरूप स्मरण, सदा उसी अंत:स्थ ईश्वर का स्मरण, उसी को सदा अनंत, सर्वशक्तिमान, सदाशिव, निष्काम कहकर उसका स्मरण—यही एकमात्र प्रार्थना है। यह क्षुद्र 'मैं' उसमें नहीं रहता, क्षुद्र बंधन उसे नहीं बाँध सकते। और वह अकाम है, इसीलिए अभय और ओजस्वरूप है, क्योंकि कामना तथा स्वार्थ से ही भय की उत्पत्ति होती है। जिसे अपने लिए कोई कामना नहीं, वह किससे डरेगा? कौन सी वस्तु उसे डरा सकती है? क्या उसे मृत्यु डरा सकती है? क्या उसे अशुभ, विपत्ति डरा सकती है? कभी नहीं। अतएव यदि हम अद्वैतवादी हैं तो हमें यह मानना होगा कि हमारा 'मैं-पन' इसी क्षण से मृत है। फिर मैं स्त्री हूँ या पुरुष, अमुक-अमुक हूँ, यह सब भाव नहीं रह जाता। ये अंधविश्वास मात्र थे और शेष रहता है, वही नित्य शुद्ध, नित्य ओजस्वरूप, सर्वशक्तिमान सर्वज्ञस्वरूप, और तब हमारा सारा भय चला जाता है।

*कौन इस सर्वव्यापी 'मैं' का अनिष्ट कर सकता है? इस प्रकार हमारी संपूर्ण दुर्बलता चली जाती है। तब दूसरों में भी उसी शक्ति को उद्दीप्त करना हमारा एकमात्र कार्य हो जाता है। हम देखते हैं कि वे भी यही आत्मास्वरूप हैं, किंतु वे यह जानते नहीं। अतएव हमें उन्हें सिखाया होगा, उनके इस अनंतस्वरूप के प्रकाशनार्थ हमें उनकी सहायता करनी पड़ेगी।*

कौन इस सर्वव्यापी 'मैं' का अनिष्ट कर सकता है? इस प्रकार हमारी संपूर्ण दुर्बलता चली जाती है। तब दूसरों में भी उसी शक्ति को उद्दीप्त करना हमारा एकमात्र कार्य हो जाता है। हम देखते हैं कि वे भी यही आत्मास्वरूप हैं, किंतु वे यह जानते नहीं। अतएव हमें उन्हें सिखाया होगा, उनके इस अनंतस्वरूप के प्रकाशनार्थ हमें उनकी सहायता करनी पड़ेगी। मैं देखता हूँ कि जगत् में इसी के प्रचार की सबसे अधिक आवश्यकता है। ये सब मत अत्यंत पुराने हैं, बहुतेरे पर्वतों से भी पुराने। सभी सत्य सनातन हैं। सत्य, व्यक्ति विशेष की संपत्ति नहीं है। कोई भी जाति, कोई भी व्यक्ति उसे अपनी संपत्ति कहने का दावा नहीं कर सकता। सत्य ही सब आत्माओं का यथार्थस्वरूप है। किसी भी व्यक्ति विशेष का उस पर विशेष अधिकार नहीं

है, किंतु हमें उसे व्यावहारिक और सरल बनाना होगा, क्योंकि उच्चतम सत्य अत्यंत सहज व सरल होते हैं, जिससे वह समाज के हर रंध्र में व्याप्त हो जाए, उच्चतम मस्तिष्क से लेकर अत्यंत साधारण मन द्वारा भी समझा जा सके तथा आबालवृद्ध-वनिता सभी उसे जान सकें। ये न्याय के कूट विचार, दार्शनिक मीमांसाएँ, ये सब मतवाद और क्रिया-कांड, इन सबने किसी समय भले ही उपकार किया हो। किंतु आओ, हम सब आज से, इसी क्षण से धर्म को सहज बनाने की चेष्टा करें और उस सत्ययुग के पुनरागमन में सहायता करें, जब प्रत्येक व्यक्ति उपासक होगा और उनका अंत:स्थ सत्य ही उसकी उपासना का विषय होगा।

*वेदांत यह कहता है कि ऐसा नहीं कि यह केवल वन अथवा पहाड़ी गुफाओं में उपलब्ध हो सकता हो, वरन् हम ये देख ही चुके हैं कि पहले जिन लोगों ने इस सत्यसमूह का आविष्कार किया था। वे वन अथवा पहाड़ी गुफाओं में नहीं रहते थे, साथ ही वे सामान्य मनुष्य भी नहीं थे, वरन् वे लोग ऐसे थे ( हम लोगों के इस विश्वास के विशेष कारण हैं ), जो विशेष रूप से कर्मठ जीवन बिताते थे, जिन्हें सैन्य-संचालन करना पड़ता था, जिन्हें सिंहासन पर बैठकर प्रजावर्ग का हानि-लाभ देखना होता था।*

वेदांत यह कहता है कि ऐसा नहीं कि यह केवल वन अथवा पहाड़ी गुफाओं में उपलब्ध हो सकता हो, वरन् हम ये देख ही चुके हैं कि पहले जिन लोगों ने इस सत्यसमूह का आविष्कार किया था। वे वन अथवा पहाड़ी गुफाओं में नहीं रहते थे, साथ ही वे सामान्य मनुष्य भी नहीं थे, वरन् वे लोग ऐसे थे (हम लोगों के इस विश्वास के विशेष कारण हैं), जो विशेष रूप से कर्मठ जीवन बिताते थे, जिन्हें सैन्य-संचालन करना पड़ता था, जिन्हें सिंहासन पर बैठकर प्रजावर्ग का हानि-लाभ देखना होता था। इसके अतिरिक्त उस समय राजागण ही सर्वेसर्वा थे, आजकल जैसी कठपुतली नहीं। फिर भी वे लोग इन सब तत्त्वों को चिंतन करने तथा उनको जीवन में परिणत करने और मानव जाति को शिक्षा देने का समय निकाल लेते थे। अतएव उनकी अपेक्षा हम लोगों को इन सब तत्त्वों

का अनुभव होना तो और भी सहज है, क्योंकि हमारा जीवन उनकी तुलना में अवकाश का जीवन है। हम अपेक्षाकृत सारे समय खाली ही रहते हैं, हमारे पास करने को बहुत कम रहता है, अतः हमारे लिए उस सत्य का साक्षात्कार न कर सकना बड़ी लज्जाजनक बात है। पुरातन सर्वेसर्वा सम्राटों की आवश्यकताओं की तुलना में हमारी आवश्यकताएँ तो कुछ भी नहीं हैं। कुरुक्षेत्र के युद्धस्थल में अवस्थित विराट् सेना के परिचालक अर्जुन की जितनी आवश्यकता थी, हमारी आवश्यकता उसकी तुलना में नगण्य है, तब भी उस युद्ध–कोलाहल के बीच में भी, वे उच्चतम दर्शन को सुनने और उसे कार्यान्वित करने का समय पा सकें, इसलिए अपने इस अपेक्षाकृत स्वाधीन आराममय जीवन में हमें उतना कर सकना चाहिए। हम लोग यदि ठीक प्रकार से समय बिताएँ तो हम देखेंगे कि हम जितना सोचते और समझते हैं, उसकी अपेक्षा हमारे पास कहीं अधिक समय है। हम लोगों को जितना अवकाश है, उसमें यदि हम सचमुच चाहें तो एक नहीं, बल्कि पचास आदर्शों का अनुसरण कर सकते हैं, किंतु आदर्श को हमें कभी नीचा नहीं करना चाहिए। हमारे जीवन की सबसे बड़ी विपत्ति की आशंका ऐसे व्यक्तियों से है, जो हमारे व्यर्थ अभावों और वासनाओं के लिए अनेक प्रकार के वृथा कारण दिखाते हैं तथा हम लोग भी यही सोचते हैं कि हम लोगों का इससे बड़ा और कोई आदर्श नहीं हो सकता, किंतु वास्तव में बात ऐसी नहीं है। वेदांत इस प्रकार की शिक्षा कभी नहीं देता। प्रत्यक्ष जीवन को आदर्श के साथ समन्वित करना पड़ेगा। वर्तमान जीवन को अनंत जीवन के साथ एकरूप करना होगा।

*कुरुक्षेत्र के युद्धस्थल में अवस्थित विराट् सेना के परिचालक अर्जुन की जितनी आवश्यकता थी, हमारी आवश्यकता उसकी तुलना में नगण्य है, तब भी उस युद्ध–कोलाहल के बीच में भी, वे उच्चतम दर्शन को सुनने और उसे कार्यान्वित करने का समय पा सकें, इसलिए अपने इस अपेक्षाकृत स्वाधीन आराममय जीवन में हमें उतना कर सकना चाहिए।*

हम जीवित ईश्वर की पूजा करना चाहते हैं। मैंने संपूर्ण जीवन ईश्वर के

अतिरिक्त और कुछ नहीं देखा। तुमने भी नहीं देखा। इस कुरसी को देखने से पहले तुम्हें ईश्वर को देखना पड़ता है, उसके बाद उसी में और उसके माध्यम से कुरसी को देखना पड़ता है। वह दिन-रात जगत् में रहकर प्रतिक्षण 'मैं हूँ', 'मैं हूँ' कह रहा है। जिस क्षण तुम बोलते हो 'मैं हूँ', उसी क्षण तुम उस सत्ता को जान रहे हो। तुम ईश्वर को कहाँ ढूँढ़ने जाओगे, यदि तुम उसे अपने हृदय में, हर प्राणी में नहीं देख पाते?

**त्वं स्त्री त्वं पुमानसि त्वं कुमार उत वा कुमारी।**
**त्वं जीर्णो दण्डेन वंचसि, त्वं जातो भवसि विश्वतोमुखः॥**

'तुम स्त्री, तुम पुरुष, तुम कुमार, तुम कुमारी हो, तुम्हीं वृद्ध होकर लाठी के सहारे चल रहे हो, तुम्हीं संपूर्ण जगत् में भिन्न-भिन्न रूपों में प्रकट हुए हो। तुम्हीं यह सब हो।'

कितना अद्‌भुत 'जीवित ईश्वर' है, संसार में वह ही एकमात्र सत्य है। यह धारणा अनेक लोगों को उस परंपरीण ईश्वर से घोर विरोधात्मक लगती है, जो किसी विशेष स्थान में किसी परदे के पीछे छिपा बैठा है और जिसे कोई कभी नहीं देख सकता। पुरोहित लोग हमें केवल यही आश्वासन देते हैं कि यदि हम लोग उनका अनुसरण करें, उनकी भर्त्सना सुनते रहें और उनके द्वारा निर्दिष्ट लीक पर चलते रहें तो मरते समय वे हमें एक मुक्ति-पत्र देंगे और तब हम ईश्वर-दर्शन कर सकेंगे। इससे यह स्पष्ट हो जाता है कि यह सारा स्वर्गवाद इस अनर्गल पुरोहित-प्रपंच के विविध रूपों के अतिरिक्त और कुछ नहीं है।

*कितना अद्‌भुत 'जीवित ईश्वर' है, संसार में वह ही एकमात्र सत्य है। यह धारणा अनेक लोगों को उस परंपरीण ईश्वर से घोर विरोधात्मक लगती है, जो किसी विशेष स्थान में किसी परदे के पीछे छिपा बैठा है और जिसे कोई कभी नहीं देख सकता। पुरोहित लोग हमें केवल यही आश्वासन देते हैं कि यदि हम लोग उनका अनुसरण करें, उनकी भर्त्सना सुनते रहें और उनके द्वारा निर्दिष्ट लीक पर चलते रहें तो मरते समय वे हमें एक मुक्ति-पत्र देंगे और तब हम ईश्वर-दर्शन कर सकेंगे।*

निर्गुणवाद निस्संदेह अनेक चीजें नष्ट कर डालता है। वह पुरोहितों, धर्मसंघों और मंदिरों के हाथ से सारा व्यवसाय छीन लेता है। भारत में इस समय दुर्भिक्ष है, किंतु वहाँ ऐसे बहुत से मंदिर हैं, जिनमें से प्रत्येक में एक राजा को भी खरीद लेने योग्य बहुमूल्य रत्नों की राशि सुरक्षित है। यदि पुरोहित लोग इस निर्गुण ब्रह्म की शिक्षा दें तो उनका व्यवसाय छिन जाएगा। किंतु हमें उसकी शिक्षा निस्स्वार्थ भाव से, बिना पुरोहित–प्रपंच के देनी होगी। तुम भी ईश्वर, मैं भी वही, तब कौन किसकी आज्ञा पालन करे? कौन किसकी उपासना करे? तुम्हीं ईश्वर के सर्वश्रेष्ठ मंदिर हो। मैं किसी मंदिर, किसी प्रतिमा या किसी बाइबिल की उपासना न कर तुम्हारी ही उपासना करूँगा। लोग इतना परस्पर विरोधी विचार क्यों करते हैं? लोग कहते हैं कि हम ठेठ प्रत्यक्षवादी हैं। ठीक बात है, किंतु तुम्हारी उपासना करने की अपेक्षा और अधिक प्रत्यक्ष क्या हो सकता है? मैं तुम्हें देख रहा हूँ, तुम्हारा अनुभव कर रहा हूँ और जानता हूँ कि तुम ईश्वर हो। मुसलमान कहते हैं, अल्लाह के सिवाय और कोई ईश्वर नहीं है; किंतु वेदांत कहता है, ऐसा कुछ है ही नहीं, जो ईश्वर न हो।

*निर्गुणवाद निस्संदेह अनेक चीजें नष्ट कर डालता है। वह पुरोहितों, धर्मसंघों और मंदिरों के हाथ से सारा व्यवसाय छीन लेता है। भारत में इस समय दुर्भिक्ष है, किंतु वहाँ ऐसे बहुत से मंदिर हैं, जिनमें से प्रत्येक में एक राजा को भी खरीद लेने योग्य बहुमूल्य रत्नों की राशि सुरक्षित है।*

वेदांत सर्वांतर्यामी, सर्वव्यापक ईश्वर का निरूपण करता है। इस राष्ट्र से तो राजराजेश्वर की विदाई हो चुकी है। लेकिन वेदांत से तो स्वर्ग का साम्राज्य सहस्त्रों वर्ष पूर्व ही लुप्त हो गया था। वेदांत केवल अध्यात्म का ही विषय है। ईश्वर आत्मा है और आत्मा एवं सत्य के द्वारा ही उसकी उपासना होनी चाहिए।

ये वे बातें हैं, जो वेदांत से अपेक्षित नहीं हैं। कोई धर्मग्रंथ नहीं, शेष मनुष्य जाति से पृथक् कोई मनुष्य नहीं, 'तुम कीटमात्र और हम जगदीश्वर,' ऐसा कुछ नहीं है। यदि तुम जगदीश्वर प्रभु हो तो मैं भी जगदीश्वर प्रभु हूँ। अतः वेदांत पाप नहीं मानता। भूलें जरूर हैं, लेकिन पाप नहीं। कालांतर में सभी ठीक होनेवाला

है। कोई शैतान नहीं, ऐसी कोई बकवास नहीं। वेदांत के अनुसार, जिस क्षण तुम अपने को या इतर जन को पापी समझते हो, वही पाप है। इसी से अन्य सब भूलों का या उनका, जिन्हें बहुधा पाप की संज्ञा दी जाती है, सूत्रपात होता है। हमारे जीवन में अनेक भूलें हुई हैं। फिर भी आगे हम बढ़ते ही रहे हैं। हमसे भूलें हुईं, इसमें हमारा गौरव है। बीते जीवन का सिंहावलोकन करो। यदि तुम्हारी आज की हालत अच्छी है तो उसका श्रेय सफलताओं के साथ-साथ पिछली भूलों को भी मिलना चाहिए। सफलता भी गौरवशालिनी! विफलता भी गौरवशालिनी!

वेदांत पाप और पापी की स्थापना नहीं करता। ईश्वर एक ऐसी सत्ता है, जिससे हम कदापि आतंकित नहीं होंगे, क्योंकि वह हमारी अपनी आत्मा है। उसमें भीति जगानेवाले ईश्वर का आतंक नहीं। केवल एक ही सत्ता है, जिससे हमें डर नहीं है, वह ईश्वर है। तो क्या ईश्वर से डरनेवाला प्राणी ही यथार्थ में सबसे बड़ा अंधविश्वासी नहीं है? निज छाया से कोई भयभीत भले ही हो उठे, किंतु वह भी निज से संत्रस्त नहीं है। ईश्वर मानव की ही आत्मा है। वही एक ऐसी सत्ता है, जिससे तुम कदापि भयभीत नहीं हो सकते। ईश्वर का भय व्यक्ति के अंतर में घर कर जाए, वह उससे थर्रा उठे, ये सब बातें अनर्गल नहीं तो और क्या हैं? ईश्वर की कृपा कहो कि हम सब पागलखाने में नहीं हैं! यदि हममें से अधिकांश पागल न हो गए हों तो हम 'ईश्वरभीति' जैसी धारणा का आविष्कार ही क्यों करें? भगवान् बुद्ध का कथन था कि न्यूनाधिक मात्रा में सारी मानवता विक्षिप्त है। लगता है कि यह पूर्णतः सत्य है।

*वेदांत पाप और पापी की स्थापना नहीं करता। ईश्वर एक ऐसी सत्ता है, जिससे हम कदापि आतंकित नहीं होंगे, क्योंकि वह हमारी अपनी आत्मा है। उसमें भीति जगानेवाले ईश्वर का आतंक नहीं। केवल एक ही सत्ता है, जिससे हमें डर नहीं है, वह ईश्वर है। तो क्या ईश्वर से डरनेवाला प्राणी ही यथार्थ में सबसे बड़ा अंधविश्वासी नहीं है? निज छाया से कोई भयभीत भले ही हो उठे, किंतु वह भी निज से संत्रस्त नहीं है।*

कोई धर्मग्रंथ नहीं, कोई व्यक्ति (अवतार) नहीं, कोई सगुण ईश्वर नहीं।

इन सभी को जाना होगा। फिर इंद्रियों को भी जाना पड़ेगा। हम इंद्रियों के दास नहीं रह सकते। अभी हम नदी में ठंड से ठिठुरकर मरनेवालों की भाँति आबद्ध हैं। सो जाने की ऐसी बलवती ईप्सा द्वारा वे लोग आक्रांत हैं कि जब उनके साथी उन्हें मृत्यु से सजग कर जाग्रत् करना चाहते हैं तो वे कहते हैं, "जान जाए बला से। लेकिन नींद हराम न होने पाए।" हम इंद्रिय-सुख की सस्ती वस्तु के शिकार हैं, भले ही उससे हमारा सर्वनाश ही क्यों न हो। हमने यह भुला दिया है कि जीवन में और अधिक महान् वस्तुएँ हैं।

*वेदांत की शिक्षा क्या है? प्रथमतः यह शिक्षा देता है कि सत्य-दर्शन के लिए तुम्हें अपने से ही बाहर जाने की जरूरत नहीं। सभी अतीत और सभी अनागत इसी वर्तमान में निहित हैं। कभी किसी ने अतीत को नहीं देखा। क्या तुममें से किसी ने अतीत को देखा है? जब यह सोचते हो कि तुम अतीत को जानते हो तो तुम केवल वर्तमान में ही अतीत की कल्पना करते हो।*

वेदांत की शिक्षा क्या है? प्रथमतः यह शिक्षा देता है कि सत्य-दर्शन के लिए तुम्हें अपने से ही बाहर जाने की जरूरत नहीं। सभी अतीत और सभी अनागत इसी वर्तमान में निहित हैं। कभी किसी ने अतीत को नहीं देखा। क्या तुममें से किसी ने अतीत को देखा है? जब यह सोचते हो कि तुम अतीत को जानते हो तो तुम केवल वर्तमान में ही अतीत की कल्पना करते हो। भविष्य देखने के लिए तुम्हें इसे वर्तमान में उतार लाना पड़ेगा, जो वर्तमान यथार्थ सत्य है, शेष सब कल्पना है। वर्तमान ही सबकुछ है। केवल वही 'एक' है—'एकमेवाद्वितीयम्'। जो कुछ है, सब इसी में है। अनंत काल का एक क्षण दूसरे प्रत्येक क्षण की ही भाँति अपने में पूर्ण और सबको समाहित कर लेनेवाला है। जो कुछ है, था और होगा, सब वर्तमान में ही है। इससे परे किसी कल्पना में कोई प्रवृत्त हो तो वह विफल मनोरथ होगा।

इसलिए वेदांत का प्रतिपाद्य है 'विश्व का एकत्व', विश्वबंधुत्व नहीं। मैं भी वैसा हूँ, जैसा एक मनुष्य है, एक जानवर है, बुरा-भला या और कुछ भी। सब परिस्थितियों में यह एक ही देह, एक ही मन और एक ही आत्मा है। आत्मा का

अंत नहीं। कहीं कोई विनाश नहीं, देह का भी अंत नहीं। मन भी मरता नहीं है। देह का अंत हो कैसे? एक पत्ती झड़ जाए तो क्या पेड़ का अंत हो जाएगा? यह विराट् विश्व ही मेरी देह है। देखो, कैसी इसकी अविकल परंपरा है। सारे मन मेरे मन हैं। सबके पैरों से मैं ही चलता हूँ। सबके मुँह से मैं ही बोलता हूँ। सबके शरीर में मेरा ही निवास है।

□

# ज्ञान और विज्ञान

तुम स्वभावतः मुक्त हो, तुम स्वभावतः शुद्ध स्वभाव हो। यदि तुम अपने को मुक्त समझ सको तो इसी मुहूर्त मुक्त हो जाओगे और यदि तुम अपने को बद्ध समझो तो बद्ध ही रहोगे। यह बड़ी निर्भीक उक्ति है और जैसा मैंने तुमसे पहले कहा ही है कि मुझे तुमसे बड़ी निर्भयतापूर्वक कहना होगा। यह अभी तुमको शायद भयभीत कर दे, पर तुम जब इस पर चिंतन करोगे और अपने जीवन में इसे अनुभव करोगे, तब तुम देखोगे कि मेरी बात सत्य है। कारण—यदि युक्त भाव तुम्हारा स्वभाव-सिद्ध न हो, तब तुम किसी भी प्रकार मुक्त न हो सकोगे। यदि तुम मुक्त थे और इस समय किसी कारण से उस मुक्त स्वभाव को खोकर बद्ध हो गए हो तो इससे प्रमाणित होता है कि तुम आरंभ में ही मुक्त नहीं थे। यदि मुक्त थे तो किसने तुमको बद्ध किया?

आकाश में नाना वर्ण के नाना मेघ आ रहे हैं। वे मुहूर्त भर वहाँ ठहरकर चले जा रहे हैं। किंतु वह एक नील आकाश बराबर समान भाव से विद्यमान है। इसी प्रकार तुम सब भी पहले से पूर्ण हो, अनंत काल से पूर्ण हो। कुछ भी तुम्हारी प्रकृति को कदापि परिवर्तित नहीं कर सकता और कभी करेगा भी नहीं। ये सब जो धारणा है कि हम अपूर्ण हैं, हम नर हैं, हम नारी हैं, हम पापी हैं, हम मन हैं; हमने विचार किया है और करेंगे, यह सब भ्रममात्र है। तुम कदापि विचार नहीं करते, तुम्हारी किसी काल में देह नहीं थी, तुम किसी काल में अपूर्ण नहीं थे।

तुम्हीं सबके मध्य विद्यमान हो, तुम्हीं सर्वस्वरूप हो। किसे त्याग करोगे अथवा किसको ग्रहण करोगे? तुम्हीं समग्र हो! जब इस ज्ञान का उदय होता है,

तब माया-मोह उसी क्षण उड़ जाता है।

देश या काल निमित्त ये सभी भ्रम हैं। तुम सोचते हो कि मैं बद्ध हूँ, मुक्त होऊँगा, यह तुम्हारा राग है। तुम अपरिणामी हो। बातें करना छोड़ दो, चुप होकर बैठे रहो, सभी वस्तुएँ तुम्हारे सामने से उड़ जाएँ, वे सब स्वप्न मात्र हैं। पार्थक्य या भेद नामक कोई वस्तु नहीं है, वह सब तो कुसंस्कार मात्र है। अब मौन भाव का अवलंबन करो और अपना स्वरूप पहचानो।

किसी से भय मत करना। तुम सार-सत्तास्वरूप हो। शांति में रहो, अपने को चंचल मत करो। तुम कभी बद्ध नहीं हुए हो। पुण्य या पाप तुम्हें स्पर्श नहीं करता। इन सभी भ्रमों को दूर कर दो और शांति में रहो। किसकी उपासना करोगे? उपासना भी कौन करेगा? सभी तो आत्मा हैं। कोई बात कहना, या किसी तरह की चिंता करना कुसंस्कार है। बारंबार बोलो, "मैं आत्मा हूँ, मैं आत्मा हूँ।" शेष सब उड़ जाने दो।

अज्ञान ही इस समस्त बंधन का धारण है। हम अज्ञान के ही कारण बँधे हुए हैं। ज्ञान से अज्ञान दूर होगा। यही ज्ञान हमें उस पार ले जाएगा। तो इस ज्ञान-प्राप्ति का क्या उपाय है? प्रेम और शक्ति से, ईश्वराराधन द्वारा और सर्वभूतों को परमात्मा का मंदिर समझकर प्रेम करने से ज्ञान होता है। इस प्रकार अनुराग की प्रबलता से ज्ञान का उदय होगा तथा अज्ञान दूर होगा, सब बंधन टूट जाएँगे और आत्मा को मुक्ति मिलेगी।

*किसी से भय मत करना। तुम सार-सत्तास्वरूप हो। शांति में रहो, अपने को चंचल मत करो। तुम कभी बद्ध नहीं हुए हो। पुण्य या पाप तुम्हें स्पर्श नहीं करता। इन सभी भ्रमों को दूर कर दो और शांति में रहो। किसकी उपासना करोगे? उपासना भी कौन करेगा? सभी तो आत्मा हैं।*

मानव-जीवन नाना प्रकार के विपरीत भावों से ग्रस्त होने के कारण असामंजस्यपूर्ण है। इस असामंजस्य में कुछ सामंजस्य और सत्य प्राप्त करने के लिए हमें युक्ति-तर्क के अतीत में जाना पड़ेगा। पर वह धीरे-धीरे करना होगा, नियमित साधना द्वारा ठीक वैज्ञानिक उपाय से उसमें पहुँचना होगा और सारे अंधविश्वास को भी हमें छोड़ देना होगा। अन्य कोई विज्ञान सीखने के समय

जैसा हम लोग करते हैं, हमें अतिचेतन अवस्था के अध्ययन के लिए ठीक उसी धारा का अनुसरण करना होगा। युक्ति-तर्क को ही अपनी नींव बनाना होगा। युक्ति-तर्क हमें जितनी दूर ले जा सकता है, हम उतनी दूर जाएँगे और जब युक्ति-तर्क नहीं चलेगा, तब वही हमें उस सर्वोच्च अवस्था की प्राप्ति का रास्ता दिखला देगा।

वर्तमान काल में सबसे बड़ा प्रश्न है—अगर ज्ञात एवं ज्ञेय जगत् का आदि और अंत अज्ञात तथा अनंत अज्ञेय द्वारा सीमाबद्ध है तो उस अज्ञात के लिए हम प्रयास ही क्यों करें? क्यों न हम ज्ञात जगत् में ही संतुष्ट रहें? क्यों न हम खाने, पीने और संसार की किंचित् भलाई करने में ही संतुष्ट रहें? ये प्रश्न अकसर सुनने को मिलते हैं। विद्वान् प्राध्यापक से लेकर तुतलाते बच्चे तक हमसे कहते हैं, "संसार की भलाई करो, यही सारा धर्म है। इसके परे क्या है, इससे संबंधित प्रश्नों से व्यर्थ अपने को परेशान मत करो।" यह बात इतनी चल पड़ी है कि इसने एक स्थिर सिद्धांत का रूप ले लिया है।

*किंतु सौभाग्यवश हम अनंत के बारे में जिज्ञासा किए बिना नहीं रह सकते। यह जो वर्तमान है, व्यक्त है; वह अव्यक्त का एक अंश मात्र है। इंद्रियों की चेतना के स्तर पर जो अनंत आध्यात्मिक जगत् प्रक्षेपित हैं, यह इंद्रिय-जगत् इसका एक नन्हा सा अंश है। ऐसी स्थिति में उस अनंत विस्तार को समझे बिना यह नन्हा सा प्रक्षेपित भाग कैसे समझा जा सकता है?*

किंतु सौभाग्यवश हम अनंत के बारे में जिज्ञासा किए बिना नहीं रह सकते। यह जो वर्तमान है, व्यक्त है; वह अव्यक्त का एक अंश मात्र है। इंद्रियों की चेतना के स्तर पर जो अनंत आध्यात्मिक जगत् प्रक्षेपित हैं, यह इंद्रिय-जगत् इसका एक नन्हा सा अंश है। ऐसी स्थिति में उस अनंत विस्तार को समझे बिना यह नन्हा सा प्रक्षेपित भाग कैसे समझा जा सकता है?

कांट ने निःसंदिग्ध रूप से प्रमाणित किया है कि हम युक्ति-तर्करूपी दुर्भेद्य दीवार का अतिक्रमण कर उसके उस पार नहीं जा सकते। किंतु भारत में तो समस्त विचारधाराओं की पहली बात है—युक्ति के उस पार चले जाना। योगीगण

अत्यंत साहस के साथ इस राज्य की खोज में प्रवृत्त होते हैं और अंत में ऐसी एक अवस्था को प्राप्त करने में सफल होते हैं, जो समस्त युक्ति-तर्क के परे है और जिसमें केवल हमारी वर्तमान परिदृश्यमान अवस्था का स्पष्टीकरण मिलता है। यही लाभ है उसके अध्ययन से, जो हमें जगत् के अतीत में ले जाता है।

**त्वं हि नः पिता, योऽस्माकमविद्यायाः परं पार तारयसि।**

'तुम हमारे पिता हो, तुम हमें अज्ञान के उस पार ले जाओगे।' यही धर्म-विज्ञान है, और कुछ भी नहीं।

धर्म यह दावा क्यों करता है कि वह तर्क द्वारा परीक्षित होना नहीं चाहता; यह कोई नहीं बतला सकता। तर्क के मानदंड के बिना किसी भी प्रकार का यथार्थ निर्णय धर्म के संबंध में भी नहीं दिया जा सकता। क्या धर्म कुछ वीभत्स करने की आज्ञा दे सकता है, जैसे इसलाम मुसलमानों को विधर्मियों की हत्या करने की आज्ञा देता है? कुरान में स्पष्ट लिखा है, "यदि विधर्मी इसलाम ग्रहण न करें तो उन्हें मार डालो। उन्हें तलवार और आग के घाट उतार दो।" अब यदि हम किसी मुसलमान से कहें कि यह गलत है तो वह स्वभावतः पूछेगा, "तुम कैसे जानते हो कि यह अच्छा है या बुरा? हमारा शास्त्र कहता है कि यह सत्कार्य है।" यदि तुम कहो कि हमारा शास्त्र प्राचीन है और बौद्ध लोग कहें कि उनका शास्त्र तुम्हारे से भी पुराना है, फिर हिंदू कहें कि उनका शास्त्र सभी की अपेक्षा प्राचीनतम है। अतएव शास्त्र की दुहाई देने से काम नहीं चल सकता। वह प्रतिमान कहाँ है, जिससे तुम अन्य सबकी तुलना कर सको? तुम कहोगे कि ईसा का 'शैलोपदेश' देखो। मुसलमान कहेंगे कि 'कुरान का नीतिशास्त्र' देखो। अब वे कहेंगे कि इन दोनों में कौन श्रेष्ठ है, इसका निर्णय कौन करेगा? कौन मध्यस्थ बनेगा? 'बाइबिल' और 'कुरान' में जब विवाद

*धर्म यह दावा क्यों करता है कि वह तर्क द्वारा परीक्षित होना नहीं चाहता; यह कोई नहीं बतला सकता। तर्क के मानदंड के बिना किसी भी प्रकार का यथार्थ निर्णय धर्म के संबंध में भी नहीं दिया जा सकता। क्या धर्म कुछ वीभत्स करने की आज्ञा दे सकता है, जैसे इसलाम मुसलमानों को विधर्मियों की हत्या करने की आज्ञा देता है?*

हो, तो यह निश्चिय है कि उन दोनों में से तो कोई मध्यस्थ नहीं बन सकता। कोई स्वतंत्र व्यक्ति उनका मध्यस्थ हो तो अच्छा हो। यह कार्य किसी ग्रंथ द्वारा नहीं हो सकता, किसी सार्वभौमिक तत्त्व द्वारा ही हो सकता है। बुद्धि से अधिक सार्वभौमिक और कुछ नहीं है। कहा जाता है कि बुद्धि पर्याप्त शक्तिसंपन्न नहीं है, इससे सत्य की प्राप्ति में सदैव सहायता नहीं मिलती। प्रायः वह भूलें करती है, अतः हमें किसी-न-किसी धर्मसंघ की प्रामाणिकता में विश्वास करना चाहिए, ऐसा मुझसे एक बार एक रोमन कैथोलिक ने कहा था। किंतु मेरी समझ में यह युक्ति नहीं आई। मैं कहूँगा कि यदि बुद्धि दुर्बल है तो पुरोहित-संप्रदाय और भी दुर्बल होंगे। मैं उन लोगों की बात सुनने के अपेक्षा बुद्धि की बात सुनना अधिक पसंद करूँगा, क्योंकि बुद्धि में चाहे जितना दोष क्यों न हो, उससे कुछ-न-कुछ सत्यलाभ की संभावना तो है, किंतु दूसरी ओर तो किसी सत्य को पाने की आशा ही नहीं है।

*प्रश्न यह उठ सकता है कि यह विविधता किस प्रकार सत्य हो सकती है? एक चीज सत्य होने पर उसका विपरीत झूठ होगा। एक ही समय दो विरोधी मत किस प्रकार सत्य हो सकते हैं? मैं इसी प्रश्न का उत्तर देना चाहता हूँ। उसके पहले मैं एक बात तुमसे पूछता हूँ कि पृथ्वी के धर्म क्या सचमुच परस्पर विरोधी हैं?*

प्रश्न यह उठ सकता है कि यह विविधता किस प्रकार सत्य हो सकती है? एक चीज सत्य होने पर उसका विपरीत झूठ होगा। एक ही समय दो विरोधी मत किस प्रकार सत्य हो सकते हैं? मैं इसी प्रश्न का उत्तर देना चाहता हूँ। उसके पहले मैं एक बात तुमसे पूछता हूँ कि पृथ्वी के धर्म क्या सचमुच परस्पर विरोधी हैं? मेरा आशय उन बाह्य आचारों से नहीं है, जिनमें महान् विचार आवेष्टित हैं। मेरा आशय विविध धर्मों में व्यवहृत मंदिर, भाषा, क्रियाकांड, शास्त्र प्रभृति की विविधता से नहीं है। मैं प्रत्येक धर्म के भीतर की आत्मा की बात करता हूँ। प्रत्येक धर्म के पीछे एक आत्मा है और एक धर्म की आत्मा, अन्य धर्म की आत्मा से पृथक् हो सकती है; परंतु इसलिए क्या वे परस्पर विरोधी हैं? वे परस्पर विरोधी हैं या एक-दूसरे के पूरक हैं? यही प्रश्न है। मैं जब नितांत बालक था, तभी से इस

प्रश्न पर मैंने विचार आरंभ किया है और सारे जीवन इस पर सोचता रहता हूँ। शायद मेरे निष्कर्षों से तुम्हारा कोई उपकार हो, इसी विचार से मैं उसे तुम्हारे निकट व्यक्त करता हूँ। मेरा विश्वास है कि वे परस्पर विरोधी नहीं हैं, वरन् परस्पर पूरक हैं। प्रत्येक धर्म, मानो महान् सार्वभौमिक सत्य के एक-एक अंश को मूर्तिमंत करके प्रस्फुटित करने के लिए अपनी समस्त शक्ति लगा देता है। इसलिए यह योगदान का विषय है, वर्जन का नहीं। यही समझना होगा। एक-एक महान् भाव को लेकर संप्रदाय पर संप्रदाय गठित होते रहते हैं और आदर्श में आदर्श मिलते जाते हैं। इसी प्रकार मानवजाति उन्नति की ओर अग्रसर होती रहती है। मनुष्य कभी भ्रम से सत्य में उपनीत नहीं होता है, परंतु सत्य से ही सत्य में गमन करता है; निम्नतर सत्य से उच्चतर सत्य पर आरूढ़ होता है, परंतु भ्रम से सत्य में नहीं।

□

# ब्रह्म या अंतिम सत्य

वेदांत प्रतिपाद्य इस शर्त को पूर्ण करता है, क्योंकि जिस अंतिम सामान्यीकरण में हम पहुँच सकते हैं, वह ब्रह्म ही हो सकता है। वह गुणातीत है, किंतु सत्, चित्, आनंदस्वरूप, निरपेक्ष है। मानवीय चेतना की पहुँच जिस अंतिम सामान्यीकरण तक हो सकती है, वह यही 'सत्' है। 'चित्' सामान्य ज्ञान नहीं, किंतु उस तत्त्व का मूल है, जो अपने को विकास-क्रम के अनुसार प्राणियों एवं मानवों में ज्ञान के रूप में अभिव्यक्त कर रहा है। उस ज्ञान के सार को यदि चेतना से भी परे एक अंतिम तथ्य कहा जाए तो भी अनुचित न होगा। ज्ञान का असली आशय यही है एवं सृष्टि में वस्तुओं के मूलभूत एकत्व के रूप में हम इसी को पाते हैं।

ब्रह्म के या वेदांत के ईश्वर के बाहर कुछ नहीं है, बिल्कुल कुछ नहीं। यह सब 'वही' है, विश्व में उसकी ही सत्ता है। 'वह' स्वयं विश्व ही है। तू ही पुरुष है, तू स्त्री है, यौवन-मद में विचरण करते हुए तू ही युवा पुरुष है, पग-पग पर लड़खड़ाता हुआ वह वृद्ध पुरुष भी तू ही है।

सच्चिदानंद शब्द का अर्थ है—सत् यानी अस्तित्व, चित् अर्थात् चैतन्य या ज्ञान और आनंद अर्थात् प्रेम। भगवान् के 'सत्' भाव के विषय में भक्त और ज्ञानी में कोई विवाद नहीं। परंतु ज्ञानमार्गी ब्रह्म की चित् या चैतन्य सत्ता पर ही सदा अधिक जोर देते हैं और भक्त सदा 'आनंद' सत्ता पर दृष्टि रखते हैं। परंतु 'चित्' स्वरूप की अनुभूति होने के साथ ही आनंदस्वरूप की भी उपलब्धि हो जाती है, क्योंकि जो चित् है, वहीं आनंद है।

हम कभी-कभी किसी पदार्थ का संकेत उसके आसपास के कुछ व्यापारी के वर्णन द्वारा करते हैं। हम जब ब्रह्म को सच्चिदानंद नाम से अभिहित करते हैं, तब हम वास्तव में उसी अनिर्वचनीय सर्वातीत सत्तारूपी समुद्र के तटमात्र का कुछ संकेत देते हैं। हम इसे 'अस्ति' स्वरूप नहीं कह सकते, क्योंकि अस्ति कहने से ही उसके विपरीत 'नास्ति' का ज्ञान भी होता है, अतएव वह भी सापेक्षित है। कोई भी धारणा या कल्पना व्यर्थ है। केवल 'नेति' 'नेति' (यह नहीं, वह नहीं) ही कहा जा सकता है, क्योंकि विचारमात्र करना भी सीमित कर देना है, अतः खो देता है।

ब्रह्म एक होकर भी व्यावहारिक रूप से अनेक रूपों में सामने विद्यमान है। नाम तथा रूप व्यवहार के मूल में मौजूद हैं। जिस प्रकार घड़े का नाम-रूप छोड़ देने से क्या दिखता है? केवल मिट्टी; जो उसकी वास्तविक सत्ता है। इसी प्रकार भ्रम में घट पर इत्यादि का भी तू विचार करता है तथा उन्हें देखता है। ज्ञान-प्रतिबंधक यह जो अज्ञान है, जिसकी वास्तविक कोई सत्ता नहीं है, उसी को लेकर व्यवहार चल रहा है। स्त्री-पुत्र, देह-मन जो कुछ है, सभी नाम-रूप की सहायता से अज्ञान की सृष्टि में देखने में आते हैं। ज्यों ही अज्ञान हट जाएगा, त्यों ही ब्रह्म सत्ता की अनुभूति हो जाएगी।

*ब्रह्म एक होकर भी व्यावहारिक रूप से अनेक रूपों में सामने विद्यमान है। नाम तथा रूप व्यवहार के मूल में मौजूद हैं। जिस प्रकार घड़े का नाम-रूप छोड़ देने से क्या दिखता है? केवल मिट्टी; जो उसकी वास्तविक सत्ता है। इसी प्रकार भ्रम में घट पर इत्यादि का भी तू विचार करता है तथा उन्हें देखता है।*

तू भी वही पूर्ण ब्रह्म है। इसी मुहूर्त में ठीक-ठीक अपने को उसी रूप में सोचने पर उस बात की अनुभूति हो सकती है। केवल अनुभूति की ही कमी है। तू जो नौकरी करके स्त्री-पुत्रों के लिए इतना परिश्रम कर रहा है, उसका भी उद्देश्य उस सच्चिदानंद की प्राप्ति ही है। इस मोह के दावँ-पेंच में पड़कर, मार खा-खाकर धीरे-धीरे अपने स्वरूप पर दृष्टि पड़ेगी। वासना है, इसलिए मार खा रहा है और आगे भी खाएगा। बस इसी प्रकार मार खा-खाकर अपनी मोर दृष्टि

पड़ेगी। प्रत्येक व्यक्ति की किसी-न-किसी समय अवश्य ही पड़ेगी। अंतर इतना ही है कि किसी की इसी जन्म में और किसी की लाखों जन्मों के बाद पड़ती है।

यह संपूर्ण विश्व कभी ब्रह्म में ही था। ब्रह्म से यह मानो निकल आया है और तब से सतत भ्रमण करता हुआ, यह पुनः अपने उद्गम स्थान पर वापस जाना चाहता है। यह सारा क्रम कुछ ऐसा ही है, जैसे डाइनेमो से बिजली का निकलना और विभिन्न धाराओं से चक्कर काटकर पुनः उसी में चला जाना। आत्मा ब्रह्म से प्रक्षेपित होकर विभिन्न रूपों, वनस्पति तथा पशु-लोकों से होती हुई मनुष्य के रूप में आविर्भूत होती है। मनुष्य ब्रह्म के सबसे अधिक समीप है। वस्तुतः जीवन का सारा संग्राम इसीलिए है कि पुनः आत्मा ब्रह्म में मिल जाए।

जो इंद्रियों से अतीत है, जो अरूप है, जो रस के अतीत है, जो अविकार्य, अचिंत्य, अनंत और अनश्वर है, उसे जानकर ही मनुष्य मृत्यु के मुख से बच जाता है।

□

# स्वातंत्र्य और मुक्ति

मन आसानी से नहीं जीता जा सकता। हलकी-से-हलकी उत्तेजना या खतरा आने पर प्रत्येक छोटी सी घटना उपस्थित होने पर, जो मन तरंगायमान होने लगते हैं, उनकी दशा भला क्या होगी? जब इस प्रकार के विकार मन में उत्पन्न होते हैं, तब महानता और आध्यात्मिकता की चर्चा का क्या प्रयोजन? मन की हर अस्थिर दशा बदलनी ही होगी। हमें स्वयं अपने से पूछना चाहिए कि हमारे ऊपर बाह्य जगत् की कहाँ तक प्रतिक्रिया हो सकती है और अपने बाहर की तमाम शक्तियों के बावजूद कहाँ तक हम अपने पैरों पर खड़े हो सकते हैं। जब दुनिया की सारी शक्तियों को हम अपना संतुलन बिगाड़ने से रोकने में सफल हो जाएँ, तभी हम मुक्त हैं, उसके पूर्व नहीं। वही उद्धार है।

एक परमाणु से लेकर मनुष्य तक, जड़-तत्त्व के अचेतन प्राणहीन कण से लेकर इस पृथ्वी की सर्वोच्च सत्ता, मानवात्मा तक, जो कुछ हम इस विश्व में प्रत्यक्ष करते हैं, वे सब मुक्ति के लिए प्रयत्न कर रहे हैं। वास्तव में यह समग्र विश्व इस मुक्ति के लिए संग्राम का ही परिणाम है।

इस विश्व में हम जो कुछ देखते हैं, उन सबकी जड़ में मुक्तिलाभ की यह चेष्टा ही है। इसी की प्रेरणा से साधु प्रार्थना करता है और डाकू लूटता है। जब कार्य-विधि अनुचित होती है, तो उसे हम अशुभ कहते हैं और जब उसकी अभिव्यक्ति उचित तथा उच्च होती है तो उसे हम शुभ कहते हैं। परंतु दोनों दशाओं में प्रेरणा एक ही होती है और वह है—मुक्ति की चेष्टा।

चेतन अथवा अचेतन समस्त प्रकृति का लक्ष्य यह मुक्ति ही है और जाने

या अनजाने सारा जगत् इसी लक्ष्य की ओर पहुँचने का यत्न कर रहा है। किंतु जिस मुक्ति की खोज एक साधु करता है, वह उस मुक्ति से बहुत भिन्न होती है, जिसकी खोज डाकू करता है। साधु जिस मुक्ति को चाहता है, उससे अनंत अनिर्वचनीय आनंद का अधिकारी हो जाता है, परंतु डाकू की इष्ट मुक्ति उसकी आत्मा के लिए दूसरे पाशों की सृष्टि कर देती है।

हम कहते हैं कि हमें मुक्ति की ही खोज करनी है और वह मुक्ति है—परमात्मा। यह वही आनंद है, जो हर वस्तु में निहित है; किंतु जब मनुष्य उसे किसी निकटवर्ती वस्तु में ढूँढ़ता है तो उसकाकण मात्र पाता है। चोर को चोरी करने में वही आनंद मिलता है, जो भक्त को भगवान् में; किंतु चोर उस आनंद का केवल कणमात्र पाता है और साथ ही दुःख का ढेर भी। यथार्थ आनंद परमात्मा है। ईश्वर आनंदस्वरूप है, प्रेमस्वरूप है, मुक्तिस्वरूप है; और जो कुछ भी बंधनकारक है, वह ईश्वर नहीं है।

मनुष्य तो मुक्त ही है, किंतु उसे इस सत्य को खोजना पड़ेगा। वह प्रति क्षण इसे भूल जाता है। जाने-अनजाने अपने इस मुक्तस्वरूप को पहचान लेना, यही प्रत्येक मानव का संपूर्ण जीवन है। ज्ञानी और अज्ञानी में भेद यही है कि ज्ञानी इसको जान-बूझकर करता है और अज्ञानी बिना जाने।

*हम कहते हैं कि हमें मुक्ति की ही खोज करनी है और वह मुक्ति है—परमात्मा। यह वही आनंद है, जो हर वस्तु में निहित है; किंतु जब मनुष्य उसे किसी निकटवर्ती वस्तु में ढूँढ़ता है तो उसका कणमात्र पाता है। चोर को चोरी करने में वही आनंद मिलता है, जो भक्त को भगवान् में; किंतु चोर उस आनंद का केवल कणमात्र पाता है और साथ ही दुःख का ढेर भी।*

स्वतंत्रता की कल्पना ही मुक्ति की सच्ची कल्पना है—हर वस्तु से स्वतंत्रता, संवेदनाओं से स्वतंत्रता, चाहे वे सुख की हों या दुःख की, शुभ से और अशुभ से भी। हम सदा मुक्त हैं, यदि हम केवल इस पर विश्वास भर करें, केवल पर्याप्त श्रद्धा। तुम आत्मा हो—मुक्त और शाश्वत, चिर मुक्त, चिर पवित्र। अभीष्ट श्रद्धा रखो और क्षण भर में तुम मुक्त हो जाओगे। हर वस्तु देश, काल,

कार्य-कारण से बँधी है। आत्मा सब देश, सब काल, सब कार्य-कारणों से परे है। जो बँधी है, वह प्रकृति है, आत्मा नहीं। इसलिए अपनी मुक्ति घोषित करो और जो हो, वह बनो—'सदा मुक्त, सदा पवित्र।'

मुक्तिलाभ प्राप्त करने के लिए हमें इस विश्व की सीमाओं के परे जाना होगा; मुक्ति यहाँ प्राप्त नहीं हो सकती। पूर्ण साम्यावस्था का लाभ अथवा ईसाई, जिसे 'बुद्धि से अतीत शांति' कहते हैं, उसकी प्राप्ति इस जगत् में नहीं हो सकती और न स्वर्ग में अथवा न किसी ऐसे स्थान में, जहाँ हमारे मन व विचार जा सकते हैं, जहाँ हम इंद्रियों द्वारा किसी प्रकार का अनुभव प्राप्त कर सकते हैं अथवा जहाँ हमारी कल्पनाशक्ति काम कर सकती है। इस प्रकार के किसी भी स्थान में हमें मुक्ति नहीं प्राप्त हो सकती, क्योंकि ऐसे सब स्थान निश्चित ही हमारे जगत् के अंतर्गत होंगे तथा यह जगत् देश, काल और निमित्त के बंधनों से जकड़ा हुआ है।

*मुक्तिलाभ प्राप्त करने के लिए हमें इस विश्व की सीमाओं के परे जाना होगा; मुक्ति यहाँ प्राप्त नहीं हो सकती। पूर्ण साम्यावस्था का लाभ अथवा ईसाई, जिसे 'बुद्धि से अतीत शांति' कहते हैं, उसकी प्राप्ति इस जगत् में नहीं हो सकती और न स्वर्ग में अथवा न किसी ऐसे स्थान में, जहाँ हमारे मन व विचार जा सकते हैं, जहाँ हम इंद्रियों द्वारा किसी प्रकार का अनुभव प्राप्त कर सकते हैं अथवा जहाँ हमारी कल्पनाशक्ति काम कर सकती है।*

यदि हम मन एवं इंद्रियगोचर इस छोटे से जगत् से अपनी आसक्ति हटा लें तो उसी क्षण हम मुक्त हो जाएँगे। बंधन से मुक्त होने का एकमात्र उपाय है—सारे नियमों के बाहर चले जाना, कार्य-कारण-शृंखला के बाहर हो जाना।

स्वतंत्र अवस्था, जहाँ कोई बंधन नहीं, कोई परिवर्तन नहीं, प्रकृति नहीं, कुछ ऐसा भी नहीं, जो उसमें कोई परिणाम उत्पन्न कर सके। वेदांत के ईश्वर-संबंधी इन धारणाओं की जड़ में पूर्ण स्वतंत्रता से उत्पन्न आनंद व चिरशक्ति के धर्म की यह धारणा सर्वोच्च है। यह स्वातंत्र्य तुम्हारे भीतर है, मेरे भीतर है और यही एकमात्र यथार्थ स्वातंत्र्य है।

ईश्वरोपासना, साधु-महापुरुषों की पूजा, एकाग्रता, ध्यान और निष्काम कर्म, ये सब मायाजाल को काटकर निकलने के उपाय हैं; किंतु हमारे भीतर पहले से तीव्र मुमुक्षुत्व रहना चाहिए। जो ज्योति प्रकाशित होकर हमारे हृदयांधकार को दूर कर देगी, वह तो हमारे भीतर ही है, यह वह ज्ञान है, जो हमारा स्वभाव या स्वरूप है। यह ज्ञान हमारा 'जन्मगत स्वत्व' नहीं कहा जा सकता, क्योंकि वास्तव में हमारा जन्म तो है ही नहीं। जो मेघ इस ज्ञानसूर्य को आवृत्त किए हुए हैं, हमें केवल उसी को दूर कर देना होगा।

प्रत्येक धर्म में मुक्तिलाभ की इस प्रकार की चेष्टा की अभिव्यक्ति पाई जाती है। यही सारी नैतिकता की, सारी निस्स्वार्थपरता की नींव है। निस्स्वार्थपरता का अर्थ है—मनुष्य का अपना क्षुद्र शरीर ही है, इस भाव से परे होना। जब हम किसी को कोई सत् कार्य करते, दूसरों की सहायता करते देखते हैं तो उसका तात्पर्य यह होता है कि उसे 'मैं और मेरे' की सीमित परिधि में आबद्ध करके नहीं रखा जा सकता। स्वार्थपरता से इस बाहर निकल आने की कोई निर्दिष्ट सीमा नहीं है। सारे श्रेष्ठ नीतिशास्त्र यही शिक्षा देते हैं कि संपूर्ण निस्स्वार्थपरता ही चरम लक्ष्य है। मान लो, किसी मनुष्य ने इस संपूर्ण निस्स्वार्थपरता को प्राप्त कर लिया तो फिर उसकी क्या दशा हो जाती है? फिर वह अमुक-अमुक नामवाला पहले का क्षुद्र व्यक्ति नहीं रह जाता, वह अनंत विस्तार प्राप्त कर लेता है। फिर उसका पहले का वह क्षुद्र व्यक्तित्व सदा के लिए नष्ट हो जाता है, अब वह अनंतस्वरूप हो जाता है और वास्तव में इस अनंत विकास की प्राप्ति ही समस्त दार्शनिक एवं नैतिक शिक्षाओं का लक्ष्य है।

*ईश्वरोपासना, साधु-महापुरुषों की पूजा, एकाग्रता, ध्यान और निष्काम कर्म, ये सब मायाजाल को काटकर निकलने के उपाय हैं; किंतु हमारे भीतर पहले से तीव्र मुमुक्षुत्व रहना चाहिए। जो ज्योति प्रकाशित होकर हमारे हृदयांधकार को दूर कर देगी, वह तो हमारे भीतर ही है, यह वह ज्ञान है, जो हमारा स्वभाव या स्वरूप है।*

हमारी सभी चेष्टाओं का उद्देश्य उत्तरोत्तर स्वाधीन होना है। कारण—पूर्ण

स्वाधीनता पाने पर ही हम पूर्णत्व पा सकते हैं। हमें इस बात का ज्ञान हो या न हो, स्वाधीनता पाने की यह चेष्टा ही सभी प्रकार की उपासना प्रणालियों की भित्ति है।

मुक्ति ही इस विश्व की प्रेरक है और मुक्ति ही इसका लक्ष्य भी। प्रकृति के नियम ऐसी पद्धतियाँ हैं, जिनके द्वारा हम जगदंबा के निदेशन में उस मुक्ति तक पहुँचने का संघर्ष करते हैं। मुक्ति के लिए इस विश्वव्यापी संघर्ष की सर्वोच्च अभिव्यक्ति मनुष्य में मुक्त होने की सजग अभिलाषा के रूप में होती है। यह मुक्ति तीन प्रकार से प्राप्त होती है—कर्म, उपासना और ज्ञान से।

(1) कर्म, दूसरों की सहायता करने और दूसरों को प्रेम करने का सतत-अविरत प्रयत्न।

(2) उपासना, प्रार्थना, वंदना, गुणगान और ध्यान।

(3) ज्ञान, जो ध्यान से उत्पन्न होता है।

दार्शनिक रूप से विश्लेषण करने पर हम देखते हैं कि हम स्वतंत्र नहीं हैं। फिर भी हमारे भीतर यह भाव बना ही रहता है कि हम स्वतंत्र हैं, मुक्त हैं। अब हमें यह समझना है कि यह भाव आता कैसे है ? हम देखते हैं कि हममें ये दो प्रेरणाएँ हैं—हमारी बुद्धि बतलाती है कि हमारे प्रत्येक कार्य का कुछ कारण होता है और साथ-ही-साथ प्रत्येक मनःस्पंदन के साथ हम अपने स्वतंत्र स्वभाव की घोषणा भी कर रहे हैं। इस पर वेदांत का समाधान यह है कि अंदर तो स्वतंत्रता है, आत्मा वास्तव में मुक्त है; पर इस आत्मा के कार्य शरीर और मन के द्वारा होते हैं, जो स्वतंत्र नहीं हैं।

*मुक्ति ही इस विश्व की प्रेरक है और मुक्ति ही इसका लक्ष्य भी। प्रकृति के नियम ऐसी पद्धतियाँ हैं, जिनके द्वारा हम जगदंबा के निदेशन में उस मुक्ति तक पहुँचने का संघर्ष करते हैं। मुक्ति के लिए इस विश्वव्यापी संघर्ष की सर्वोच्च अभिव्यक्ति मनुष्य में मुक्त होने की सजग अभिलाषा के रूप में होती है।*

सारी प्रकृति नियम से बँधी है, अपनी ही क्रिया के नियम से; और यह नियम कभी भंग नहीं किया जा सकता। यदि तुम प्रकृति का नियम भंग कर सको तो एक क्षण में सारी प्रकृति नष्ट हो जाए। फिर प्रकृति ही न रहे। जो मुक्ति पाता

है, प्रकृति का नियम तोड़ता है। उसके लिए प्रकृति पीछे हट जाती है और प्रकृति की शक्ति उस पर नहीं रहती। प्रत्येक व्यक्ति नियम को भंग करेगा, केवल एक बार और सदा के लिए; इस प्रकार उसका प्रकृति के साथ संघर्ष समाप्त हो जाएगा।

हिंदुओं की सारी साधना-प्रणाली का लक्ष्य है—सतत अध्यवसाय द्वारा पूर्ण बन जाना, दिव्य बन जाना, ईश्वर को प्राप्त करना और उसके दर्शन कर लेना तथा उस स्वर्गस्थ पिता के समान पूर्ण हो जाना हिंदुओं का धर्म है।

और जब मनुष्य पूर्णत्व को प्राप्त कर लेता है, तब उसका क्या होता है? तब वह असीम परमानंद का जीवन व्यतीत करता है। जिस एकमात्र वस्तु में मनुष्य को सुख पाना चाहिए, उसे अर्थात् ईश्वर को पाकर वह परम तथा असीम आनंद का उपभोग करता है और ईश्वर के साथ ही परमानंद का आस्वादन करता है।

हमें अवश्य स्मरण रखना चाहिए कि हमारा धर्म स्पष्ट रूप से यह कह रहा है कि जो कोई मुक्ति-प्राप्ति की इच्छा रखे, उसे ही इस ऋषित्व का लाभ करना होगा, मंत्रद्रष्टा होना होगा, ईश्वर-साक्षात्कार करना होगा। यही मुक्ति है और यही हमारे शास्त्रों द्वारा प्रतिपादित सिद्धांत।

*हमें अवश्य स्मरण रखना चाहिए कि हमारा धर्म स्पष्ट रूप से यह कह रहा है कि जो कोई मुक्ति-प्राप्ति की इच्छा रखे, उसे ही इस ऋषित्व का लाभ करना होगा, मंत्रद्रष्टा होना होगा, ईश्वर-साक्षात्कार करना होगा। यही मुक्ति है और यही हमारे शास्त्रों द्वारा प्रतिपादित सिद्धांत।*

मानसिक और भौतिक सभी विषयों से आत्मा को पृथक् कर लेना ही हमारा लक्ष्य है। इस लक्ष्य के प्राप्त हो जाने पर आत्मा देखती है कि वह सर्वदा ही एकाकी रही है और उसे सुखी बनाने के लिए अन्य किसी की आवश्यकता नहीं। जब तक अपने को सुखी बनाने के लिए हमें अन्य किसी की आवश्यकता होती है, तब तक हम दास हैं। जब 'पुरुष' जान लेता है कि वह मुक्त है, उसे अपनी पूर्णता के लिए अन्य किसी की आवश्यकता नहीं एवं यह प्रकृति नितांत अनावश्यक है, तब कैवल्य लाभ हो जाता है।

वेदांत शिक्षा देता है कि निर्वाण-लाभ यहीं और अभी हो सकता है, उसके लिए हमें मृत्यु की प्रतीक्षा करने की आवश्यकता नहीं। निर्वाण का अर्थ है—आत्म-साक्षात्कार कर लेना; और यदि एक बार भी, वह चाहे क्षणभर के लिए ही क्यों न हो, हमें यह अवस्था प्राप्त हो गई तो फिर कभी भी हम व्यक्तित्व की भ्रांति से विमोहित न हो सकेंगे। हमारे चक्षु हैं, अतः हम प्रतीयमान वस्तु को ही देखते हैं, पर हमने इसके वास्तविक स्वरूप को जान लिया है और हमें सदैव यह ज्ञान रहता है कि वह है क्या; हमने उसके वास्तविक स्वरूप को जान लिया है। यह वह आवरण है, जिसने अपरिणामी आत्मा को ढक रखा है। आवरण खुल जाता है और तब हम इसके पीछे अवस्थित आत्मा को देख पाते हैं। सभी परिवर्तन या परिणाम आवरण में ही होते हैं। साधु पुरुष में यह आवरण इतना महीन होता है कि उसमें आत्मा की हमें स्पष्ट झलक दिखाई पड़ती है; पर पापी में यह आवरण इतना मोटा होता है कि हम इस सत्य में संशय करने लग जाते हैं कि पापी के पीछे भी वही आत्मा है, जो साधु पुरुष के पीछे विद्यमान है। जब संपूर्ण आवरण हट जाता है, तब हम देखने लगते हैं कि वास्तव में आवरण का अस्तित्व किसी काल में नहीं था, हम सदैव आत्मा ही थे, अन्य कुछ भी नहीं; यहाँ तक कि आवरण की बात ही भूल जाते हैं।

*वेदांत शिक्षा देता है कि निर्वाण-लाभ यहीं और अभी हो सकता है, उसके लिए हमें मृत्यु की प्रतीक्षा करने की आवश्यकता नहीं। निर्वाण का अर्थ है—आत्म-साक्षात्कार कर लेना; और यदि एक बार भी, वह चाहे क्षणभर के लिए ही क्यों न हो, हमें यह अवस्था प्राप्त हो गई तो फिर कभी भी हम व्यक्तित्व की भ्रांति से विमोहित न हो सकेंगे।*

यह बात नहीं है कि मुक्त होने पर मनुष्य कर्म करना छोड़ दे और निर्जीव मिट्टी का ढेर बन जाए, प्रत्युत वह अन्य लोगों की अपेक्षा अधिक कर्मशील होता है, क्योंकि अन्य लोग तो केवल बाध्य होकर कर्म करते हैं, पर वह स्वतंत्र होकर।

मुक्ति का अर्थ है—संपूर्ण स्वाधीनता। शुभ और अशुभ, दोनों प्रकार के

बंधनों से छुटकारा पा जाना। इसे समझना जरा कठिन है। लोहे की जंजीर भी एक जंजीर है और सोने की जंजीर भी एक जंजीर ही है।

**मुक्ताभिमानी मुक्तो हि बद्धो बद्धाभिमान्यपि।**
**विवदन्तीति सत्येयं या मतिः सा गतिर्भवेत्॥**

जिसके हृदय में मुक्ताभिमान सर्वदा जाग्रत् है, वह मुक्त हो जाता है और जो 'मैं बद्ध हूँ', ऐसी भावना रखता है, समझ लो कि उसकी जन्म-जन्मांतर तक बद्ध दशा ही रहेगी। ऐहिक और पारमार्थिक दोनों पक्षों में ही इस बात को सत्य जानना है। इस जीवन में जो सर्वदा हताशचित्त रहते हैं, उनसे कोई भी कार्य नहीं हो सकता। मुक्ति का अर्थ है—सत्य को जानना। हम कुछ नहीं बनते, जो हैं वही रहेंगे। श्रद्धा से मुक्ति मिलती है, काम करने से नहीं। यहाँ 'ज्ञान' का प्रश्न है। तुमको जानना होगा कि तुम क्या हो और तब काम समाप्त होगा।

□

# ईश्वर

हिंदू शब्दों और सिद्धांतों के जाल में जीना नहीं चाहता। यदि इन साधारण इंद्रिय-संवेद्य विषयों के परे और भी कोई सत्ताएँ हैं, तो वह उनका प्रत्यक्ष अनुभव करना चाहता है। यदि उसमें कोई आत्मा है, जो जड़वस्तु नहीं है, यदि कोई दयामय, सर्वव्यापी विश्वात्मा है तो वह उसका साक्षात्कार करेगा। वह उसे अवश्य देखेगा और मात्र उसी से उसकी समस्त शंकाएँ दूर होंगी। अतः हिंदू ऋषि आत्मा के विषय में, ईश्वर के विषय में यही सर्वोत्तम प्रमाण देते हैं—"मैंने आत्मा का दर्शन किया; मैंने ईश्वर का दर्शन किया है।"

ईसा मसीह के ये शब्द स्मरण रखें, "तुम माँगो और वह तुम्हें दिया जाएगा; तुम ढूँढ़ो और तुम उसे पाओगे। तुम खटखटाओ और तुम्हारे लिए दरवाजा खुल जाएगा।" ये शब्द बिल्कुल सत्य हैं, आलंकारिक या काल्पनिक नहीं हैं। परमेश्वर के एक सबसे महान् पुत्र के हृदय के रक्त में से वे बह निकले थे। वे ऐसे शब्द हैं, जो स्वयं अनुभव करने के बाद निकले हैं। ऐसे व्यक्ति से निकले हैं, जिसने परमेश्वर का प्रत्यक्ष अनुभव किया था, जिसे उसका प्रत्यक्ष स्पर्श हुआ था, जिसने उसके साथ वास किया था, उसके साथ बातचीत की थी और वह भी साधारण रूप से नहीं, बल्कि जैसे हम इस दीवार को देख रहे हैं, उससे भी सैकड़ों गुना अधिक प्रत्यक्ष रूप से।

यदि समानरूपता विश्व का नियम है तो विश्व का प्रत्येक अंश उसी योजना के अनुसार बना हुआ होना चाहिए, जिसके अनुसार संपूर्ण विश्व बना हुआ है। इसलिए हमारा यह सोचना स्वाभाविक है कि विश्व कहे जानेवाले इस स्थूल

भौतिक रूप के पीछे एक सूक्ष्मतर तत्त्वों का विश्व अवश्य होगा, जिसे हम विचार कहते हैं और उसके पीछे एक 'आत्मा' होगी, जो इस समस्त विचार को संभव बनाती है, जो आज्ञा देती है और जो इस विश्व की सिंहासनारूढ़ राज्ञी है। वह आत्मा, जो प्रत्येक मन और शरीर के पीछे है, 'प्रत्यगात्मा' अथवा व्यक्तिगत आत्मा कही जाती है और जो आत्मा विश्व के पीछे उसकी पथ-प्रदर्शक, नियंत्रक और शासक है, वह ईश्वर है।

दर्शनशास्त्र का स्थान जो भी हो, तत्त्वज्ञान का स्थान जो भी हो, पर जब तक इस लोक में मृत्यु नाम की वस्तु है, मानव-हृदय में दुर्बलता जैसी वस्तु है, मनुष्य के अंत:करण से दुर्बलताजनित करुण क्रंदन बाहर निकलता है, तब तक इस संसार में ईश्वर में विश्वास भी कायम रहेगा।

**_दर्शनशास्त्र का स्थान जो भी हो, तत्त्वज्ञान का स्थान जो भी हो, पर जब तक इस लोक में मृत्यु नाम की वस्तु है, मानव-हृदय में दुर्बलता जैसी वस्तु है, मनुष्य के अंत:करण से दुर्बलताजनित करुण क्रंदन बाहर निकलता है, तब तक इस संसार में ईश्वर में विश्वास भी कायम रहेगा।_**

शिशु जन्म ग्रहण करते ही नियम के विरुद्ध विद्रोही हो जाता है। उसकी पहली आवाज रुदन की होती है, जो अपने बंधनों के प्रति उसका विरोध होता है। स्वाधीनता की यह आकांक्षा ही पूर्णत: स्वतंत्र एक सत्ता की भावना को जन्म देती है। ईश्वर की धारणा मनुष्य की प्रकृति का एक मूल उपादान है। वेदांत के अनुसार, मानव-मन की सर्वोच्च ईश्वर-धारणा सच्चिदानंद है।

जहाँ से सब प्रकट हुए हैं, जो सबका अधिष्ठान है और जिसमें सब विलीन होंगे, वही ईश्वर है। समग्र प्रकृति ईश्वर की उपासना है। जहाँ कहीं भी जीवन है, वहीं मुक्ति का अनुसंधान है और वह मुक्ति ही ईश्वरस्वरूप है।

हम लोग संसार के बीच इस प्रकार भागे चले जा रहे हैं, मानो हमें कोई सिपाही पकड़ने आ रहा हो, इसीलिए हमें जगत् के सौंदर्य का लेशमात्र ही आभास मिलता है। हमें यह जो इतना भय हो रहा है, उसका कारण है—जड़ को सत्य समझकर उसमें विश्वास करना। जड़ की जो कुछ तथाकथित सत्ता प्रतीत

हो रही है, वह हमारे मन के ही कारण है। हम जो कुछ देख रहे हैं, वह प्रकृति के बीच से अपने को अभिव्यक्त कर रहा ईश्वर ही है।

ईश्वर स्थिर है, महिमामय अपने अपरिणामी स्वरूप पर प्रतिष्ठित है। तुम और हम उसके साथ एक होने की चेष्टा करते हैं, किंतु इधर बंधन की कारणीभूत प्रकृति पर दैनंदिन जीवन की छोटी-छोटी बातें—धन, नाम, यश, मानवप्रेम प्रभृति प्राकृतिक विषयों पर निर्भर होते हैं। यह जो समग्र प्रकृति प्रकाश पा रही है, उसका प्रकाश किस पर निर्भर है ? ईश्वर पर या सूर्य, चंद्र, तारों पर, नहीं। जहाँ कहीं कुछ प्रकाशित होता है, चाहे वह सूर्य का प्रकाश हो या हमारी चेतना का, वहाँ उसी का प्रकाश होता है; उसके प्रकाशमान होने से ही सबकुछ प्रकाशित होता है।

मैंने इतनी तपस्या करके यही सार समझा है कि जीव-जीव में वे अधिष्ठित हैं; इसके अतिरिक्त ईश्वर और कुछ भी नहीं। जो जीवों पर दया करता है, वही व्यक्ति ईश्वर की सेवा कर रहा है। छोटे-बड़े सभी जीव ईश्वर की समान रूप से अभिव्यक्तियाँ हैं, अंतर केवल अभिव्यक्तियों में है।

*मैंने इतनी तपस्या करके यही सार समझा है कि जीव-जीव में वे अधिष्ठित हैं; इसके अतिरिक्त ईश्वर और कुछ भी नहीं। जो जीवों पर दया करता है, वही व्यक्ति ईश्वर की सेवा कर रहा है। छोटे-बड़े सभी जीव ईश्वर की समान रूप से अभिव्यक्तियाँ हैं, अंतर केवल अभिव्यक्तियों में है।*

चराचर विश्व की समष्टि ईश्वर ही है। तो क्या ईश्वर जड़ है ? नहीं, कदापि नहीं। जड़, वह ईश्वर है, जो पाँचों इंद्रियों द्वारा ग्राह्य है। बुद्धि के माध्यम से जाना हुआ ईश्वर मन है और जब आत्मा उसे प्रत्यक्ष करती है तो वह आत्मा के रूप में ही दृष्ट होता है। वह जड़ नहीं, अपितु जड़ में निहित यथार्थ सार-तत्त्व है।

हमारे शास्त्रों में परमात्मा के दो रूप कहे गए हैं—सगुण और निर्गुण। सगुण ईश्वर के अर्थ से वह सर्वव्यापी है, संसार की सृष्टि, स्थिति और प्रलय का कर्ता है, संसार का अनादि जनक तथा जननी है, उसके साथ हमारा नित्य भेद है और मुक्ति का अर्थ, उसके सामीप्य और सालोक्य की प्राप्ति है। सगुण ब्रह्म के

ये सब विशेषण ब्रह्म के संबंध में अनावश्यक और अतार्किक मानकर त्याग दिए गए हैं। वह निर्गुण और सर्वव्यापी पुरुष ज्ञानवान नहीं कहा जा सकता; क्योंकि ज्ञान मानव-मन का धर्म है। वह चिंतनशील नहीं कहा जा सकता, क्योंकि चिंतन ससीम जीवों के ज्ञानलाभ का उपाय मात्र है। वह विचारपरायण नहीं कहा जा सकता, क्योंकि विचार ससीम है और दुर्बलता का चिह्नमात्र है। वह सृष्टिकर्ता भी नहीं कहा जा सकता, क्योंकि जो बंधन में है, वही सृष्टि की ओर प्रवृत्त होता है। उसका बंधन ही क्या हो सकता है? कोई बिना प्रयोजन के कोई काम नहीं कर सकता, फिर उसे प्रयोजन क्या है? कामना पूर्ति के लिए ही सब काम करते हैं। उन्हें क्या कामना है? वेदों में उसके लिए 'सः' शब्द का प्रयोग नहीं किया गया। 'सः' शब्द द्वारा निर्देश न करके निर्गुण भाव समझाने के लिए 'तत्' शब्द द्वारा उसका निर्देश किया गया है। 'सः' शब्द के कहे जाने से वह व्यक्ति विशेष हो जाता, इससे जीव-जगत् के साथ उसका संपूर्ण पार्थक्य सूचित हो जाता है।

*सगुण ईश्वर स्वयं अपने लिए उतना ही सत्य है, जितना हम अपने लिए, इससे अधिक नहीं। ईश्वर को भी उसी प्रकार साकार भाव में देखा जा सकता है, जैसे हमें देखा जा सकता है। जब तक हम मनुष्य हैं, तब तक हमें ईश्वर का प्रयोजन है; हम जब स्वयं ब्रह्मस्वरूप हो जाएँगे, तब फिर हमें ईश्वर का प्रयोजन नहीं रह जाएगा।*

सगुण ईश्वर स्वयं अपने लिए उतना ही सत्य है, जितना हम अपने लिए, इससे अधिक नहीं। ईश्वर को भी उसी प्रकार साकार भाव में देखा जा सकता है, जैसे हमें देखा जा सकता है। जब तक हम मनुष्य हैं, तब तक हमें ईश्वर का प्रयोजन है; हम जब स्वयं ब्रह्मस्वरूप हो जाएँगे, तब फिर हमें ईश्वर का प्रयोजन नहीं रह जाएगा। इसीलिए श्रीरामकृष्ण उस जगज्जननी को अपने समीप सदा-सर्वदा विद्यमान देखते थे, वे अपने आसपास की अन्य सभी वस्तुओं की अपेक्षा उन्हें अधिक सत्य रूप में देखते थे; किंतु समाधि अवस्था में उन्हें आत्मा के अतिरिक्त और किसी वस्तु का अनुभव नहीं होता था। सगुण ईश्वर क्रमशः हमारी ओर अधिकाधिक आता-जाता है। अंत में, मानो वह गल जाता है। उस समय न 'ईश्वर' रह जाता है, न

'अहं'। सब उसी आत्मा में लय हो जाता है।

तुम्हें निर्गुणवाद भी समझना होगा, क्योंकि इस निर्गुणवाद के आलोक में ही अन्य सिद्धांतों को समझा जा सकता है। सगुणवाद को ही उदाहरणस्वरूप लो। जॉन स्टुअर्ट मिल ईश्वर का निर्गुणवाद समझते हैं और उसमें विश्वास भी करते हैं। वे कहते हैं, "सगुण ईश्वर को प्रमाणित नहीं किया जा सकता, वह असंभव है।" मैं इस विषय में उनके साथ एकमत हूँ, फिर भी मैं कहता हूँ कि मनुष्य-बुद्धि से निर्गुण की जितनी दूर तक धारणा की जा सके, वही सगुण ईश्वर है। और वास्तव में निर्गुण की इन विभिन्न धारणाओं के सिवा यह जगत् है ही क्या? मानो वह हम लोगों के सामने एक खुली पुस्तक है और प्रत्येक व्यक्ति अपनी-अपनी बुद्धि के अनुसार उसका पाठ कर रहा है तथा प्रत्येक को स्वयं ही उसका पाठ करना पड़ता है।

सबकुछ वही एकमेवाद्वितीय ब्रह्म है। पर हाँ, ब्रह्म का यह निर्गुण निरपेक्ष स्वरूप अत्यंत सूक्ष्म होने के कारण प्रेम एवं उपासना के योग्य नहीं। इसीलिए भक्त ब्रह्म के सापेक्ष भाव, अर्थात् परम नियंता ईश्वर को ही उपास्य के रूप में ग्रहण करता है।

*तुम्हें निर्गुणवाद भी समझना होगा, क्योंकि इस निर्गुणवाद के आलोक में ही अन्य सिद्धांतों को समझा जा सकता है। सगुणवाद को ही उदाहरणस्वरूप लो। जॉन स्टुअर्ट मिल ईश्वर का निर्गुणवाद समझते हैं और उसमें विश्वास भी करते हैं। वे कहते हैं, "सगुण ईश्वर को प्रमाणित नहीं किया जा सकता, वह असंभव है।"*

जब निर्गुण ब्रह्म को हम माया के कुहरे में से देखते हैं तो वही सगुण ब्रह्म या ईश्वर कहलाता है। जब हम उसे पंचेंद्रियों द्वारा पाने की चेष्टा करते हैं तो उसे हम सगुण ब्रह्म के रूप में ही देख सकते हैं। तात्पर्य यह कि आत्मा का विषयीकरण नहीं हो सकता। आत्मा को दृश्यमान वस्तु नहीं बनाया जा सकता। ज्ञाता स्वयं अपना ज्ञेय कैसे हो सकता है? परंतु मानो उसका प्रतिबिंब पड़ सकता है, चाहो तो इसे उसका विषयीकरण कह सकते हो। इस प्रतिबिंब का सर्वोत्कृष्ट रूप ज्ञाता को ज्ञेय रूप में लाने का महत्तम प्रयास, यही सगुण ब्रह्म या ईश्वर है।

आत्मा सनातन ज्ञाता है और हम उसे ज्ञेय रूप में ढालने का निरंतर प्रयत्न कर रहे हैं। इसी संघर्ष से इस जगत्-प्रपंच की सृष्टि हुई है, इसी प्रयत्न से जड़ पदार्थ आदि की उत्पत्ति हुई है। पर ये सब आत्मा के निम्नतम रूप हैं और आत्मा का हमारे लिए संभव सर्वोच्च ज्ञेय रूप तो वह है, जिसे हम 'ईश्वर' कहते हैं। विषयीकरण का यह प्रयास हमारे स्वयं अपने स्वरूप के प्रकटीकरण का प्रयास है।

*मनुष्य एक असीम वृत्त है, जिसकी परिधि कहीं भी नहीं है, लेकिन जिसका केंद्र एक स्थान में निश्चित है और परमेश्वर एक ऐसा असीम वृत्त है, जिसकी परिधि कहीं भी नहीं है, परंतु जिसका केंद्र सर्वत्र है। आजकल संसार ईश्वर को छोड़ रहा है, क्योंकि वह संसार के लिए पर्याप्त कुछ कर नहीं रहा है। अतः वे कहते हैं, "उससे हमें क्या लाभ है?" क्या हमें ईश्वर का 'चिंतन' केवल एक नगरपालिका के अधिकारी के रूप में करना होगा।*

मनुष्य एक असीम वृत्त है, जिसकी परिधि कहीं भी नहीं है, लेकिन जिसका केंद्र एक स्थान में निश्चित है और परमेश्वर एक ऐसा असीम वृत्त है, जिसकी परिधि कहीं भी नहीं है, परंतु जिसका केंद्र सर्वत्र है।

आजकल संसार ईश्वर को छोड़ रहा है, क्योंकि वह संसार के लिए पर्याप्त कुछ कर नहीं रहा है। अतः वे कहते हैं, "उससे हमें क्या लाभ है?" क्या हमें ईश्वर का 'चिंतन' केवल एक नगरपालिका के अधिकारी के रूप में करना होगा।

ये सब प्रतीक और विधियाँ, ये प्रार्थनाएँ और ये तीर्थयात्राएँ, ये ग्रंथ, घंटियाँ, मोमबत्तियाँ और पुरोहित, ये सब पूर्व तैयारी मात्र हैं। इनसे मन का मैल दूर हो जाता है। और जब जीव शुद्ध हो जाता है तो स्वभावतः ही वह पवित्रतास्वरूप परमात्मा की ओर जाना चाहता है।

हम लोग बराबर सुनते आ रहे हैं कि प्रत्येक धर्म विश्वास करने पर बल देता है। हमने आँखें बंद करके विश्वास करने की शिक्षा पाई है। यह अंधविश्वास सचमुच ही बुरी वस्तु है, इसमें कोई संदेह नहीं। पर यदि इस अंधविश्वास का हम

विश्लेषण करके देखें तो ज्ञात होगा कि इसके पीछे एक महान् सत्य है। इसका वास्तविक अर्थ क्या है, उसी के विषय में हम इस समय पढ़ रहे हैं। मन को व्यर्थ ही तर्क द्वारा चंचल करने से काम नहीं चलेगा, क्योंकि तर्क से कभी ईश्वर की प्राप्ति नहीं हो सकती। यह प्रत्यक्ष का विषय है, तर्क का नहीं।

मुझसे अनेक बार पूछा गया है, "आप क्यों इस पुराने 'ईश्वर' शब्द का व्यवहार करते हैं?" तो इसका उत्तर यह है कि हमारे उद्देश्य के लिए यही सर्वोत्तम है। इससे अच्छा और कोई शब्द नहीं मिल सकता, क्योंकि मनुष्य की सारी आशाएँ और सुख इसी एक शब्द में केंद्रित हैं। अब इस शब्द को बदलना असंभव है। इस प्रकार के शब्द पहले-पहल बड़े-बड़े साधु-महात्माओं द्वारा गढ़े गए थे और वे इन शब्दों का तात्पर्य अच्छी तरह समझते थे। धीरे-धीरे जब समाज में उन शब्दों का प्रचार होने लगा, तब अज्ञ लोग भी उन शब्दों का व्यवहार करने लगे। इसका परिणाम यह हुआ कि शब्दों की महिमा घटने लगी। स्मरणातीत काल से 'ईश्वर' शब्द का व्यवहार होता आया है। सर्वव्यापी बुद्धि का भाव तथा जो कुछ महान् और पवित्र है, सब इसी शब्द में निहित है।

*मुझसे अनेक बार पूछा गया है, "आप क्यों इस पुराने 'ईश्वर' शब्द का व्यवहार करते हैं?" तो इसका उत्तर यह है कि हमारे उद्देश्य के लिए यही सर्वोत्तम है। इससे अच्छा और कोई शब्द नहीं मिल सकता, क्योंकि मनुष्य की सारी आशाएँ और सुख इसी एक शब्द में केंद्रित हैं। अब इस शब्द को बदलना असंभव है। इस प्रकार के शब्द पहले-पहल बड़े-बड़े साधु-महात्माओं द्वारा गढ़े गए थे और वे इन शब्दों का तात्पर्य अच्छी तरह समझते थे।*

यह प्रतिद्वंद्विता, निष्ठुरता, घोर अत्याचार और दिन-रात की आह, जिसे सुनकर कलेजा फट जाता है, यही हमारे संसार का हाल है। यदि यही ईश्वर की सृष्टि हुई तो वह ईश्वर निष्ठुर से भी बदतर है, उस शैतान से भी गया-गुजरा है, जिसकी मनुष्य ने कभी कल्पना की हो। वेदांत कहता है कि वह ईश्वर का दोष नहीं है, जो जगत् में यह पक्षपात, यह प्रतिद्वंद्विता वर्तमान है। तो किसने इसकी सृष्टि की? स्वयं हम ही ने। एक बादल सभी खेतों पर समान रूप से पानी

बरसाता रहता है, पर जो खेत अच्छी तरह जोता हुआ है, वही इस वर्षा से लाभ उठाता है। एक दूसरा खेत, जो जोता नहीं गया या जिसकी देखरेख नहीं की गई, वह उससे लाभ नहीं उठा सकता। यह बादल का दोष नहीं। ईश्वर की कृपा नित्य और अपरिवर्तनीय है; हमीं लोग वैषम्य के कारण हैं। लेकिन कोई जन्म से ही सुखी है और दूसरा दु:खी, इस वैषम्य का कारण क्या हो सकता है ? वे तो ऐसा कुछ नहीं करते, जिससे यह वैषम्य उत्पन्न हो। उत्तर यह है कि इस जन्म में न सही, पूर्व जन्म में उन्होंने अवश्य किया होगा और यह वैषम्य पूर्व जन्म के कर्मों के ही कारण हुआ है।

*स्वभावतः ही ये आदर्श किसी-न-किसी रूप में प्रत्येक व्यक्ति के मन में विद्यमान रहते हैं। मानो वे हमारे मन के अंग या अंश विशेष हैं। उन आदर्शों को व्यावहारिक जीवन में परिणत करने के जो सब प्रयत्न हैं, वे ही मानवीय प्रकृति की नानाविध क्रियाओं के रूप में प्रकट होते हैं। विभिन्न जीवात्माओं में जो विविध आदर्श नीति हैं, वे बाहर आकर मूर्त रूप धारण करने की सतत चेष्टा कर रहे हैं।*

प्रत्येक व्यक्ति के उच्चतम आदर्श को ही ईश्वर कहते हैं। ज्ञानी हो या अज्ञानी, साधु हो या पापी, पुरुष हो अथवा स्त्री, शिक्षित हो अथवा अशिक्षित, प्रत्येक दशा में मनुष्य मात्र का परमोच्च आदर्श ही ईश्वर है। सौंदर्य, उदात्तता और शक्ति के उच्चतम आदर्शों के योग में ही हमें प्रेममय एवं प्रेमास्पद ईश्वर का पूर्णतम भाव मिलता है।

स्वभावतः ही ये आदर्श किसी-न-किसी रूप में प्रत्येक व्यक्ति के मन में विद्यमान रहते हैं। मानो वे हमारे मन के अंग या अंश विशेष हैं। उन आदर्शों को व्यावहारिक जीवन में परिणत करने के जो सब प्रयत्न हैं, वे ही मानवीय प्रकृति की नानाविध क्रियाओं के रूप में प्रकट होते हैं। विभिन्न जीवात्माओं में जो विविध आदर्श नीति हैं, वे बाहर आकर मूर्त रूप धारण करने की सतत चेष्टा कर रहे हैं।

हमारे पास तीन वरदान हैं—प्रथम, मनुष्य देह (मनुष्य का मन ही ईश्वर का निकटतम प्रतिबिंब है, हम 'उसकी ही प्रतिमा हैं।') द्वितीय, मुक्त होने के लिए आकांक्षा। तृतीय, गुरु के रूप में एक ऐसे महात्मा की सहायता प्राप्त करना,

जो स्वयं इस मोह–सागर को पार कर चुका हो। इन तीनों की यदि प्राप्ति हो जाए तो भगवान् को धन्यवाद, तुम अवश्यमेव मुक्त होओगे।

केवल ईश्वर ही सत्य है। अन्य सबकुछ असत्य है। ईश्वर के लिए सभी वस्तुओं का त्याग कर देना चाहिए। सबकुछ असार है, असारों का भी असार। केवल ईश्वर और ईश्वर की ही सेवा करो। शक्तिशाली बनो। उठो और प्रेमरूपी ईश्वर की खोज करो। यही सर्वोच्च बल है। पवित्रता की शक्ति से बढ़कर और कौन सी शक्ति श्रेष्ठ हो सकती है? प्रेम और पवित्रता ही दुनिया के शासक हैं। ईश्वर का यह प्रेम बलहीनों द्वारा प्राप्य वस्तु नहीं है। अतः दुर्बल मत बनो—शारीरिक, मानसिक, नैतिक और आध्यात्मिक किसी प्रकार से।

सारा संसार ही प्रतीक है और उसके पीछे मूल तत्त्वरूप में ईश्वर विराजमान है। आज के पर्वत कल समुद्र थे और कल वहाँ पुनः समुद्र दिखाई देगा। प्रत्येक वस्तु–क्रम परिवर्तनशील है; यह सारा विश्व ही परिवर्तनशीलता का एक पिंड है। एकमात्र ईश्वर ही ऐसा है, जिसमें परिवर्तन कभी नहीं होता। ईश्वर अनंतीकृत मानव है। ऐसा होना अनिवार्य है, क्योंकि जब तक हम मनुष्य हैं, हमें मानवीकृत ईश्वर चाहिए। ईश्वर को सत्य मानने के लिए हमें उनका प्रत्यक्ष अनुभव करना चाहिए। स्वयं का अनुभव ही हमें इन बातों की सत्यता सिद्ध करा सकता है, तर्क–वितर्क अथवा अन्य कोई चीज नहीं। प्रत्यक्ष अनुभव ही हमारे विश्वास को पर्वत के समान दृढ़ बना सकता है।

*सारा संसार ही प्रतीक है और उसके पीछे मूल तत्त्वरूप में ईश्वर विराजमान है। आज के पर्वत कल समुद्र थे और कल वहाँ पुनः समुद्र दिखाई देगा। प्रत्येक वस्तु–क्रम परिवर्तनशील है; यह सारा विश्व ही परिवर्तनशीलता का एक पिंड है। एकमात्र ईश्वर ही ऐसा है, जिसमें परिवर्तन कभी नहीं होता। ईश्वर अनंतीकृत मानव है। ऐसा होना अनिवार्य है, क्योंकि जब तक हम मनुष्य हैं, हमें मानवीकृत ईश्वर चाहिए।*

सत्य का स्वरूप ही ऐसा है कि जो कोई उसे देख लेता है, उसे एकदम पूरा विश्वास हो जाता है। सूर्य का अस्तित्व सिद्ध करने के लिए मशाल की जरूरत

नहीं होती। वह तो स्वयं ही प्रकाशमान है। परमेश्वर के अस्तित्व का प्रमाण क्या है? साक्षात्कार, प्रत्यक्ष। इस दीवार के अस्तित्व का प्रमाण यह है कि मैं इसे देखता हूँ। आज से पहले हजारों ने ईश्वर को इस तरह देखा है और आगे भी जो चाहेंगे, उसे देख सकेंगे। पर यह प्रत्यक्षानुभूति इंद्रियों द्वारा होनेवाले अनुभव के सदृश बिल्कुल नहीं है। वह इंद्रियातीत है, वह चेतनातीत है।

यह विश्वव्यापी बुद्धि ही ईश्वर है। लोग उसी विश्वव्यापी चैतन्य को प्रभु, भगवान्, ईसा, बुद्ध या ब्रह्म कहते हैं; जड़वादी उसी की शक्ति के रूप में उपलब्धि करते हैं एवं अज्ञेयवादी उसी को उस अनंत अनिर्वचनीय सर्वातीत पदार्थ के रूप में धारण करते हैं और हम सब उसी के अंश हैं।

□

# अवतार

साधारण गुरुओं से श्रेष्ठ एक और श्रेणी के गुरु होते हैं और वे हैं इस संसार में ईश्वर के अवतार। वे केवल स्पर्श से, यहाँ तक कि इच्छा मात्र से ही आध्यात्मिकता प्रदान कर सकते हैं। उनकी इच्छा से पतित-से-पतित व्यक्ति भी क्षण भर में साधु हो जाता है। वे गुरुओं के भी गुरु हैं, मनुष्य के माध्यम से ईश्वर की सर्वोच्च अभिव्यक्ति हैं। उनके माध्यम के अतिरिक्त हम अन्य किसी भी उपाय से भगवान् को नहीं देख सकते। हम उनकी उपासना किए बिना रह नहीं सकते। वास्तव में वे ही एकमात्र ऐसे हैं, जिनकी उपासना करने के लिए हम विवश हैं।

ईश्वर मनुष्य की दुर्बलताओं को समझता है और मानवता के कल्याण के लिए नरदेह धारण करता है। श्रीकृष्ण ने अवतार के संबंध में गीता में कहा है, "जब-जब धर्म की हानि होती है और अधर्म का अभ्युत्थान होता है, तब-तब मैं अवतार लेता हूँ। साधुओं की रक्षा और दुष्टों के नाश के लिए तथा धर्म-संस्थापनार्थ मैं युग-युग में अवतीर्ण होता हूँ। मूर्ख लोग मुझ जगदीश्वर के यथार्थ स्वरूप को न जानने के कारण मुझ नरदेहधारी की अवहेलना करते हैं।" भगवान् श्रीरामकृष्ण कहते थे, "जब एक बहुत विशाल लहर आती है तो छोटे-छोटे नाले और गड्ढ़े अपने आप ही लबालब भर जाते हैं। इसी प्रकार जब एक अवतार जन्म लेता है तो समस्त संसार में आध्यात्मिकता की एक बड़ी बाढ़ आ जाती है और लोग वायु के कण-कण में धर्मभाव का अनुभव करने लगते हैं।"

अनंत घटना-प्रवाह में अनिवार्यतया अविराम रूप से अग्रसर होनेवाली,

स्थिर रहने में असमर्थ, छोटी-छोटी उर्मियों के अतिरिक्त हम और क्या हैं? किंतु मैं और तुम केवल क्षुद्र वस्तुएँ, बुलबुले मात्र हैं। विश्व-व्यापार के महासागर में कुछ विशाल तरंगें रहती ही हैं। मेरे और तुम्हारे जैसे क्षुद्र जन में जाति के अतीत जीवन का अत्यल्प अंश ही व्यक्त होता है। किंतु ऐसे शक्तिसंपन्न महापुरुष भी होते हैं, जो प्रायः संपूर्ण अतीत के साकार रूप होते हैं, जो मानो अपनी दीर्घ प्रसारित बाहुओं से सुदूर भविष्य की सीमाओं को भी स्पर्श करते रहते हैं। ये महापुरुष मानवजाति के उन्नति-पथ पर यत्र-तत्र स्थापित मार्गदर्शक स्तंभों के समान हैं। वे सचमुच इतने महान् हैं कि उनकी छाया, मानो समस्त पृथ्वी को आच्छन्न कर लेती है; वे अमर, अनंत और अविनाशी हैं।

*किसी महापुरुष ने कहा है, "किसी भी व्यक्ति ने ईश्वर-पुत्र के माध्यम के बिना ईश्वर का साक्षात्कार नहीं किया है।" और यह कथन अक्षरशः सत्य है। ईश्वर-पुत्र के अतिरिक्त हम ईश्वर को और कहाँ देखेंगे? यह सच है कि मुझमें और तुममें, हममें से निर्धन से भी निर्धन और हीन से भी हीन व्यक्ति में भी परमेश्वर विद्यमान है, उसका प्रतिबिंब मौजूद है।*

किसी महापुरुष ने कहा है, "किसी भी व्यक्ति ने ईश्वर-पुत्र के माध्यम के बिना ईश्वर का साक्षात्कार नहीं किया है।" और यह कथन अक्षरशः सत्य है। ईश्वर-पुत्र के अतिरिक्त हम ईश्वर को और कहाँ देखेंगे? यह सच है कि मुझमें और तुममें, हममें से निर्धन से भी निर्धन और हीन से भी हीन व्यक्ति में भी परमेश्वर विद्यमान है, उसका प्रतिबिंब मौजूद है। प्रकाश की गति सर्वत्र है, उसका स्पंदन सर्वव्यापी है, किंतु उसे देखने के लिए दीप जलाने की आवश्यकता होती है। जगत् का सर्वव्यापी ईश भी तब तक दृष्टिगोचर नहीं होता, जब तक ये महान् शक्तिशाली दीपक, ये ईशदूत, ये उसके संदेशवाहक और अवतार, ये नर-नारायण उसे अपने में प्रतिबिंबित नहीं करते।

व्यक्ति विशेष ईश्वर की भी आवश्यकता है; और हम जानते हैं कि किसी व्यक्ति विशेष ईश्वर की वृथा कल्पना से बढ़कर जीवित ईश्वर इस लोक में समय पर उत्पन्न होकर हम लोगों के साथ रहते भी हैं; जबकि काल्पनिक

व्यक्तिविशेष ईश्वर तो सौ में निन्यानबे प्रतिशत उपासना के अयोग्य ही होते हैं। किसी प्रकार के काल्पनिक ईश्वर की अपेक्षा, अपनी काल्पनिक रचना की अपेक्षा, अर्थात् ईश्वर संबंधी जो भी धारणा हम बना सकते हैं, उसकी अपेक्षा वे पूजा के अधिक योग्य हैं। ईश्वर के संबंध में हम लोग जो भी धारणा रख सकते हैं, उसकी अपेक्षा श्रीकृष्ण बहुत बड़े हैं। हम अपने मन में जितने उच्च आदर्श का विचार कर सकते हैं, उसकी अपेक्षा बुद्धदेव अधिक उच्च आदर्श हैं, जीवित आदर्श हैं। इसीलिए सब प्रकार के काल्पनिक देवताओं को पदच्युत करके वे चिरकाल से मनुष्यों द्वारा पूजे जा रहे हैं।

हमारे ऋषि यह जानते थे, इसीलिए उन्होंने समस्त भारतवासियों के लिए इन महापुरुषों की, इन अवतारों की पूजा करने का मार्ग खोला है।

**यद्यत् विभूतिमत् सत्त्वं श्रीमदूर्जितमेव वा।**
**तत्तदेवावगच्छ त्वं मम तेजोऽशसंभवम्॥**

मनुष्यों में जहाँ अद्भुत आध्यात्मिक शक्ति का प्रकाश होता है, समझो, वहाँ मैं विद्यमान हूँ; मुझसे ही इस आध्यात्मिक शक्ति का प्रकाश होता है।

यह हिंदुओं के लिए समस्त देशों के समस्त अवतारों की उपासना करने का द्वार खोल देता है। हिंदू किसी भी देश के किसी भी साधु-महात्मा की पूजा कर सकते हैं। हम बहुधा ईसाइयों के गिरजों और मुसलमानों की मसजिदों में जाकर उपासना भी करते हैं। यह अच्छा है।

*यह हिंदुओं के लिए समस्त देशों के समस्त अवतारों की उपासना करने का द्वार खोल देता है। हिंदू किसी भी देश के किसी भी साधु-महात्मा की पूजा कर सकते हैं। हम बहुधा ईसाइयों के गिरजों और मुसलमानों की मसजिदों में जाकर उपासना भी करते हैं। यह अच्छा है।*

अतः ईश्वर की मनुष्य के रूप में उपासना करना अनिवार्य है और जिन जातियों के पास ऐसे उपास्य 'देव-मानव' हैं, वे धन्य हैं। ईसाइयों में ईसा मसीह के रूप में ऐसे मानवरूपधारी ईश्वर हैं। अतः उन्हें ईसा के प्रति दृढ़ आसक्ति रखनी चाहिए और उन्हें ईसा को कभी नहीं छोड़ना चाहिए। मनुष्य में ईश्वर

के दर्शन करना, यही ईश्वर-दर्शन का स्वाभाविक मार्ग है। ईश्वर संबंधी हमारे समस्त विचार वहीं एकाग्र हो सकते हैं।

हम सिद्धांतों की चर्चा करते हैं, सूक्ष्म तत्त्वों और उत्पत्तियों पर विचार-विमर्श करते हैं। यह ठीक है, किंतु हमारे प्रत्येक कार्य, प्रत्येक विचार से यही प्रकट होता है कि हम किसी तत्त्व को केवल तभी समझ पाते हैं, जब किसी व्यक्ति विशेष के माध्यम से वह हमें प्राप्त होता है। किसी सूक्ष्म तत्त्व की धारणा में हम तभी समर्थ होते हैं, जब वह किसी पुरुष विशेष के रूप में साकार रूप धारण कर लेता है। केवल दृष्टांत की सहायता से ही हम उपदेशों को समझ पाते हैं। काश! ईश्वरेच्छा से हम सब इतने उन्नत होते कि हमें तत्त्वविशेष की धारणा करने में दृष्टांतों एवं आदर्श पुरुषों के माध्यम की आवश्यकता न पड़ती! किंतु हम उतने उन्नत नहीं हैं, इसलिए स्वभावतः अधिकांश मनुष्यों ने इन असाधारण व्यक्तियों, ईसाइयों, बौद्धों और हिंदुओं द्वारा पूजित इन पैगंबरों और अवतारों को आत्मसर्मण कर दिया है।

निर्गुण परब्रह्म की उपासना नहीं की जा सकती, इसलिए हमें अपने ही सदृश प्रकृति-संपन्न उनके प्रकाश विशेष की उपासना करनी होगी। ईसा हम लोगों के समान मनुष्य प्रकृति संपन्न थे, वे ख्रिस्त हो गए थे। हम भी उनके समान ख्रिस्त हो सकते हैं। और हमें वह होना ही होगा। ख्रिस्त भी बुद्ध अवस्था विशेष का नाम है, जो हमें प्राप्त करनी होगी। ईसा और गौतम वे व्यक्ति हैं, जिनमें यह अवस्था व्यक्त हुई।

विभिन्न देशीय, विभिन्न जातीय और विभिन्न मतावलंबी, भूतकाल के उन सब महापुरुषों को हम प्रणाम करते हैं, जिनके उपदेश और चरित्र हमने उत्तराधिकार में पाए हैं। विभिन्न जातियों, देशों और धर्मों में जो देवतुल्य नर-नारीगण मानवजाति के कल्याण में रत हैं, उन सबको प्रणाम है। जीवंत ईश्वरस्वरूप, जो महापुरुष भविष्य में हमारी संतान के लिए निःस्पृहता से कार्य करने के लिए अवतार धारण करेंगे, उन सबको प्रणाम है।

□

# गुरु या आध्यात्मिक मार्गदर्शक

इस शक्ति की प्राप्ति तो एक आत्मा किसी दूसरी आत्मा से ही कर सकती है, अन्य किसी से नहीं। हम भले ही सारा जीवन पुस्तकों का अध्ययन करते रहें और बड़े बौद्धिक हो जाएँ, पर अंत में हम देखेंगे कि हमारी तनिक भी आध्यात्मिक उन्नति नहीं हुई है। यह बात सत्य नहीं कि उच्च स्तर के बौद्धिक विकास के साथ-साथ मनुष्य के आध्यात्मिक पक्ष की भी उतनी ही उन्नति होगी।

यद्यपि लगभग हम सब आध्यात्मिक विषयों पर बड़ी पांडित्यपूर्ण बातें कर सकते हैं, पर जब उन बातों को कार्यरूप में परिणत करने का, यथार्थ आध्यात्मिक जीवन बिताने का अवसर आता है तो हम अपने को सर्वथा अयोग्य पाते हैं। जीवात्मा की शक्ति को जाग्रत् करने के लिए किसी दूसरी आत्मा से ही शक्ति का संचार होना चाहिए।

जिस व्यक्ति की आत्मा से दूसरी आत्मा में शक्ति का संचार होता है, वह गुरु कहलाता है और जिसकी आत्मा में यह शक्ति संचारित होती है, उसे शिष्य कहते हैं। यथार्थ धर्म-गुरु में अपूर्व योग्यता होनी चाहिए और उसके शिष्य को भी कुशल होना चाहिए। जब दोनों ही अद्भुत और असाधारण होते हैं, तब अद्भुत आध्यात्मिक जागृति होती है, अन्यथा नहीं।

**तीर्णाः स्वयं भीमभवार्णवं जनाः अहेतुनान्यानपि तारयन्तः।**

वे इस भीषण भवसागर के उस पार स्वयं भी चले गए हैं और बिना किसी लाभ की आशा किए दूसरों को भी पार करते हैं!

ऐसे ही मनुष्य गुरु हैं और ध्यान रखें, दूसरा कोई गुरु नहीं कहा जा सकता।

प्रकृति का यह एक रहस्यपूर्ण नियम है कि खेत तैयार होते ही बीज मिलता है। ज्यों ही आत्मा को धर्म की आवश्यकता होती है, त्यों ही धार्मिक शक्ति देनेवाला कोई-न-कोई आना ही चाहिए। खोज करनेवाले पापी की भेंट, खोज करनेवाले उद्धारक से हो ही जाती है। जब ग्रहण करनेवाली आत्मा की आकर्षण-शक्ति पूर्ण और परिपक्व हो जाती है, उस समय उस आकर्षण का उत्तर देनेवाली शक्ति आनी ही चाहिए।

सच्चे गुरु वे ही हैं, जिनके द्वारा हमको अपना आध्यात्मिक जन्म प्राप्त हुआ है। वे ही वे साधन हैं, जिसमें से होकर आध्यात्मिक प्रवाह हम लोगों में प्रवाहित होता है। वे ही समग्र आध्यात्मिक जगत् के साथ हम लोगों के संयोग-सूत्र हैं। व्यक्ति विशेष के ऊपर अतिरिक्त विश्वास करने से दुर्बलता और अंतर्सारशून्य बहिर्पूजा आ सकती है, किंतु गुरु के प्रति प्रबल अनुराग से उन्नति अत्यंत शीघ्र संभव है। वे हमारे अंतःस्थित गुरु के साथ हमारा संयोग करा देते हैं। यदि तुम्हारे गुरु के भीतर यथार्थ सत्य है तो उनकी आराधना करो, यही गुरुभक्ति तुम्हें शीघ्र ही चरम अवस्था में पहुँचा देगी।

*सच्चे गुरु वे ही हैं, जिनके द्वारा हमको अपना आध्यात्मिक जन्म प्राप्त हुआ है। वे ही वे साधन हैं, जिसमें से होकर आध्यात्मिक प्रवाह हम लोगों में प्रवाहित होता है। वे ही समग्र आध्यात्मिक जगत् के साथ हम लोगों के संयोग-सूत्र हैं।*

यदि किसी एक भी जीव में ब्रह्म का विकास हो गया तो सहस्रों मनुष्य उसी ज्योति के मार्ग से आगे बढ़ते हैं। ब्रह्मज्ञ पुरुष ही लोक-गुरु बन सकते हैं; यह बात शास्त्र और युक्ति दोनों से प्रमाणित होती है। स्वार्थयुक्त ब्राह्मणों ने जिस कुलगुरु-प्रथा का प्रचार किया, वह वेद और शास्त्रों के विरुद्ध है, इसीलिए साधना करने पर भी लोग अब सिद्ध या ब्रह्मज्ञ नहीं होते। फिर शक्तिसंचारक गुरु के संबंध में तो और भी बड़े खतरों की संभावना है। बहुत से लोग ऐसे हैं, जो स्वयं तो बड़े अज्ञानी हैं, परंतु फिर भी अहंकारवश अपने को सर्वज्ञ समझते हैं; इतना ही नहीं, दूसरों को भी अपने कंधों पर ले जाने को तैयार रहते हैं। इस प्रकार अंधा अंधे का अगुआ बन जाता है, फलतः दोनों ही गड्ढे में गिर पड़ते हैं।

संसार ऐसे लोगों से भरा पड़ा है। हर एक आदमी गुरु होना चाहता है। एक भिखारी भी चाहता है कि वह लाखों का दान कर डाले। जैसे हास्यास्पद से भिखारी हैं, वैसे ही ये गुरु भी। आध्यात्मिक गुरु द्वारा संप्रेषित जो ज्ञान आत्मा को प्राप्त होता है, उससे उच्चतर एवं पवित्र वस्तु और कुछ नहीं है। यदि मनुष्य पूर्ण योगी हो चुका है तो वह स्वतः ही उसे प्राप्त हो जाता है। किंतु पुस्तकों द्वारा तो उसे प्राप्त नहीं किया जा सकता। तुम दुनिया के चारों कोनों में (हिमालय, आल्प्स, काकेशस पर्वत अथवा गोबी या सहारा की मरुभूमि या समुद्र की तली में) जाकर अपना सिर पटको, पर बिना गुरु मिले, तुम्हें वह ज्ञान प्राप्त नहीं हो सकता।

भगवान् की कृपा अथवा उनकी योग्यतम संतान महापुरुषों की कृपा प्राप्त कर लो। ये ही दो भगवत्प्राप्ति के प्रधान उपाय हैं। ऐसे महापुरुषों का संगलाभ होना बहुत ही कठिन है, पाँच मिनट भी उनका ठीक-ठीक संगलाभ हो जाए तो सारा जीवन ही बदल जाता है। यदि तुम इन महापुरुषों की संगति के सचमुच इच्छुक हो तो तुम्हें किसी-न-किसी महापुरुष का संगलाभ अवश्य होगा। ये भक्त, ये महापुरुष जहाँ रहते हैं, वह स्थान पवित्र हो जाता है; प्रभु की संतानों का ऐसा ही माहात्म्य है। वे स्वयं प्रभु हैं, वे जो कहते हैं, वही शास्त्र हो जाता है। ऐसा है, उनका माहात्म्य। वे जिस स्थान पर निवास करते हैं, वह उनके देह निःसृत पवित्र शक्ति-स्पंदन से परिपूर्ण हो जाता है। जो कोई उस स्थान पर जाता है, वह उसी स्पंदन का अनुभव करता है और इसी कारण, उसके भीतर भी पवित्र बनने की प्रवृत्ति जाग उठती है।

*भगवान् की कृपा अथवा उनकी योग्यतम संतान महापुरुषों की कृपा प्राप्त कर लो। ये ही दो भगवत्प्राप्ति के प्रधान उपाय हैं। ऐसे महापुरुषों का संगलाभ होना बहुत ही कठिन है, पाँच मिनट भी उनका ठीक-ठीक संगलाभ हो जाए तो सारा जीवन ही बदल जाता है।*

□

# विश्वास

मैं यह कर सकता हूँ, यह नहीं कर सकता, ये सब भी कुसंस्कार हैं। मैं सबकुछ कर सकता हूँ। वेदांत सबसे पहले मनुष्य को अपने ऊपर विश्वास करने के लिए कहता है। जिस प्रकार संसार का कोई-कोई धर्म कहता है कि जो व्यक्ति अपने से बाहर सगुण ईश्वर का अस्तित्व स्वीकार नहीं करता, वह नास्तिक है; उसी प्रकार वेदांत भी कहता है कि जो व्यक्ति अपने आप पर विश्वास नहीं करता, वह नास्तिक है। अपनी आत्मा की महिमा में विश्वास न करने को ही वेदांत में नास्तिकता कहते हैं।

आत्मविश्वास का आदर्श ही हमारी सबसे अधिक सहायता कर सकता है। यदि इस आत्मविश्वास का और भी विस्तृत रूप से प्रचार होता और यह कार्यरूप में परिणत हो जाता तो मेरा दृढ़ विश्वास है कि जगत् में जितना दुःख और अशुभ है, उसका अधिकांश गायब हो जाता। मानवजाति के समग्र इतिहास में सभी महान् स्त्री-पुरुषों में यदि कोई महान् प्रेरणा सबसे अधिक सशक्त रही है तो वह है यही आत्मविश्वास। वे इस ज्ञान के साथ पैदा हुए थे कि वे महान् बनेंगे और वे महान् बने भी।

मनुष्य कितनी ही अवनति की अवस्था में क्यों न पहुँच जाए, एक समय ऐसा अवश्य आता है, जब वह उससे बेहद आर्त होकर एक ऊर्ध्वगामी मोड़ लेता है और अपने में विश्वास करना सीखता है। किंतु हम लोगों को इसे शुरू से ही जान लेना अच्छा है। हम आत्मविश्वास सीखने के लिए इतने कटु अनुभव क्यों प्राप्त करें?

मनुष्य के बीच जो भेद है, वह केवल आत्मविश्वास की उपस्थिति तथा अभाव के कारण ही है, यह सरलता से ही समझ में आ सकता है। इस आत्मविश्वास द्वारा सबकुछ हो सकता है। मैंने अपने जीवन में ही इसका अनुभव किया है, अब भी कर रहा हूँ और जैसे-जैसे आयु बढ़ती जा रही है, उतना ही यह विश्वास दृढ़तर होता जा रहा है। जिसमें आत्मविश्वास नहीं है, वही नास्तिक है। प्राचीन धर्मों के अनुसार, जो ईश्वर में विश्वास नहीं करता, वह नास्तिक है। नूतन धर्म कहता है, जो आत्मविश्वास नहीं रखता, वही नास्तिक है। किंतु यह विश्वास केवल इस क्षुद्र 'मैं' को लेकर नहीं है, क्योंकि वेदांत 'एकत्ववाद' की भी शिक्षा देता है।

*मनुष्य के बीच जो भेद है, वह केवल आत्मविश्वास की उपस्थिति तथा अभाव के कारण ही है, यह सरलता से ही समझ में आ सकता है। इस आत्मविश्वास द्वारा सबकुछ हो सकता है। मैंने अपने जीवन में ही इसका अनुभव किया है, अब भी कर रहा हूँ और जैसे-जैसे आयु बढ़ती जा रही है, उतना ही यह विश्वास दृढ़तर होता जा रहा है।*

यही महान् विश्वास जगत् को अधिक अच्छा बना सकेगा। यही मेरा विश्वास है। वही सर्वश्रेष्ठ मनुष्य है, जो सच्चाई के साथ कह सकता है, "मैं अपने संबंध में सबकुछ जानता हूँ।" क्या तुम जानते हो कि तुम्हारी इस देह के भीतर कितनी ऊर्जा, कितनी शक्तियाँ, कितने प्रकार के बल अब भी छिपे पड़े हैं? मनुष्य में जो है, उस सबका ज्ञान कौन सा वैज्ञानिक प्राप्त कर सकता है? लाखों वर्षों से मनुष्य पृथ्वी पर है, किंतु अभी तक उसकी शक्ति का पारमाणविक अंशमात्र ही प्रकाशित हुआ है। अतएव तुम कैसे अपने को जबरदस्ती दुर्बल कहते हो? ऊपर से दिखनेवाली इस पतितावस्था के पीछे क्या संभावना है? क्या तुम यह जानते हो? तुम्हारे अंदर जो है, उसका थोड़ा सा तुम जानते हो। तुम्हारे पीछे है—शक्ति और आनंद का अपार सागर।

श्रद्धा-श्रद्धा! अपने आप पर श्रद्धा, परमात्मा में श्रद्धा, यही महानता का एकमात्र रहस्य है। यदि पुराणों में कहे गए तैंतीस करोड़ देवताओं के ऊपर और

विदेशियों ने बीच-बीच में जिन देवताओं को तुम्हारे बीच घुसा दिया है, उन सब पर भी यदि तुम्हारी श्रद्धा हो और अपने आप पर श्रद्धा न हो तो तुम कदापि मोक्ष के अधिकारी नहीं हो सकते। अपने आप पर श्रद्धा करना सीखो। इसी आत्मश्रद्धा के बल से अपने पैरों पर आप खड़े होओ और शक्तिशाली बनो। इस समय हमें इसी की आवश्यकता है।

हमने अपनी आत्मश्रद्धा खो दी है, इसीलिए वेदांत के अद्वैतवाद के भावों का प्रचार करने की आवश्यकता है, ताकि लोगों के हृदय जाग जाएँ और वे अपनी आत्मा की महत्ता समझ सकें। इसीलिए मैं अद्वैतवाद का प्रचार करता हूँ। और इसका प्रचार किसी सांप्रदायिक भाव से प्रेरित होकर नहीं करता, बल्कि मैं सार्वभौम, युक्तिपूर्ण और अकाट्य सिद्धांतों के आधार पर इसका प्रचार करता हूँ।

*हमने अपनी आत्मश्रद्धा खो दी है, इसीलिए वेदांत के अद्वैतवाद के भावों का प्रचार करने की आवश्यकता है, ताकि लोगों के हृदय जाग जाएँ और वे अपनी आत्मा की महत्ता समझ सकें। इसीलिए मैं अद्वैतवाद का प्रचार करता हूँ। और इसका प्रचार किसी सांप्रदायिक भाव से प्रेरित होकर नहीं करता, बल्कि मैं सार्वभौम, युक्तिपूर्ण और अकाट्य सिद्धांतों के आधार पर इसका प्रचार करता हूँ।*

द्वैतवादी हो, चाहे विशिष्टाद्वैतवादी या अद्वैतवादी हो, सभी को यह दृढ़ विश्वास है कि आत्मा में संपूर्ण शक्ति अवस्थित है; केवल उसे व्यक्त करना होता है। इसके लिए हमें श्रद्धा की ही जरूरत है; हमें तथा यहाँ जितने भी मनुष्य हैं, सभी को इसकी आवश्यकता है। इसी श्रद्धा को प्राप्त करने का महान् कार्य तुम्हारे सामने पड़ा हुआ है। हमारे जातीय खून में एक प्रकार के भयानक रोग का बीज समा रहा है, और वह है—'प्रत्येक विषय को हँसकर उड़ा देना, गांभीर्य का अभाव।' इस दोष का संपूर्ण रूप से त्याग करो। वीर बनो, श्रद्धा संपन्न होओ, और सबकुछ तो इसके बाद आ ही जाएगा।

किसी बात से मत डरो। तुम अद्भुत कार्य करोगे। जिस क्षण तुम डर जाओगे, उसी क्षण तुम बिल्कुल शक्तिहीन हो जाओगे। संसार में दुःख का मुख्य

कारण भय ही है, यही सबसे बड़ा कुसंस्कार है। यह भय हमारे दु:खों का कारण है और यह निर्भीकता है, जिससे क्षण भर में स्वर्ग प्राप्त होता है। अतएव

**उत्तिष्ठत जाग्रत् प्राप्य वरान्निबोधत।**

जो दिन-रात अपने को दीन, नीच एवं 'कुछ नहीं' समझता है तो वह 'कुछ नहीं' ही बन जाता है। यदि तुम कहो कि 'मेरे अंदर शक्ति है' तो तुममें शक्ति जाग उठेगी। और यदि तुम सोचो कि 'मैं' कुछ नहीं हूँ', दिन-रात यही सोचा करोगे तो तुम सचमुच ही 'कुछ नहीं' हो जाओगे। तुम्हें यह महान् तत्त्व सदा स्मरण रखना चाहिए। हम तो उसी सर्वशक्तिमान परमपिता की संतान हैं, उसी अनंत ब्रह्माग्नि की चिनगारियाँ हैं, भला हम 'कुछ नहीं' से क्योंकर हो सकते हैं? हम सबकुछ हैं, हम सबकुछ कर सकते हैं और मनुष्य को सबकुछ करना ही होगा।

हमारे पूर्वजों में ऐसा ही दृढ़ आत्मविश्वास था। इसी आत्मविश्वास रूपी प्रेरणाशक्ति ने उन्हें सभ्यता की उच्च से उच्चतर सीढ़ी पर चढ़ाया था। और अब यदि हमारी अवनति हुई हो, हममें दोष आया हो तो मैं तुमसे सच कहता हूँ, जिस दिन हमारे पूर्वजों ने अपना यह आत्मविश्वास गँवाया, उसी दिन से हमारी यह अवनति, यह दुरवस्था आरंभ हो गई।

आत्मविश्वासहीनता का अर्थ है—'ईश्वर में अविश्वास'। क्या तुम्हें विश्वास है कि वही अनंत मंगलमय विधाता तुम्हारे भीतर से काम कर रहा है? यदि तुम ऐसा विश्वास करो कि वही सर्वव्यापी अंतर्यामी प्रत्येक अणु-परमाणु में, तुम्हारे शरीर, मन और आत्मा में ओत-प्रोत है तो फिर क्या तुम उस उत्साह से वंचित रह सकते हो?

□

# भक्ति या ईश्वर-प्रेम

सच्चे और निष्कपट भाव से ईश्वर की खोज को 'भक्तियोग' कहते हैं। इस खोज का आरंभ, मध्य और अंत प्रेम में होता है। ईश्वर के प्रति प्रेमोन्मत्तता का एक क्षण भी हमारे लिए शाश्वत मुक्ति देनेवाला होता है।

यह भगवान् के प्रति उत्कट प्रेम की भक्ति है। जब मनुष्य इसे प्राप्त कर लेता है तो सभी उसके प्रेमपात्र बन जाते हैं। वह किसी से घृणा नहीं करता। वह सदा के लिए संतुष्ट हो जाता है। इस प्रेम से किसी काम्य वस्तु की प्राप्ति नहीं हो सकती, क्योंकि जब तक सांसारिक वासनाएँ घर किए रहते हैं, तब तक इस प्रेम का उदय नहीं होता। भक्ति कर्म से श्रेष्ठ है और योग से भी उच्च है, क्योंकि इन सबका एक-न-एक लक्ष्य है ही, पर भक्ति स्वयं ही अपना फलस्वरूप तथा साध्य और साधनस्वरूप है।

भक्तियोग का एक बड़ा लाभ यह है कि वह हमारे महान् दिव्य लक्ष्य की प्राप्ति का सबसे सरल और स्वाभाविक मार्ग है। पर साथ ही उससे एक विशेष आशंका यह है कि वह अपनी निम्न अवस्था में मनुष्य को बहुधा भयानक मतांध और कट्टर बना देता है। हिंदू, इसलाम या ईसाई धर्म में जहाँ कहीं इस प्रकार के धर्मांध व्यक्तियों का दल है, वह सदैव ऐसे ही निम्न श्रेणी के भक्तों द्वारा गठित हुआ है।

भक्ति के किसी पात्र के प्रति अनन्य निष्ठा, जिसके बिना यथार्थ प्रेम का विकास संभव नहीं, अकसर अन्य सबकी भर्त्सना का कारण बन जाती है। प्रत्येक धर्म और देश के सभी दुर्बल और अविकसित बुद्धि वाले मनुष्य अपने

आदर्श से प्रेम करने का एक ही उपाय जानते हैं; और वह है—अन्य सभी आदर्शों से घृणा करना। यही इस बात का उत्तर मिलता है कि वही मनुष्य, जो ईश्वर संबंधी अपने आदर्श के प्रति इतना अनुरक्त है, वह किसी दूसरे आदर्श को देखते ही या उस संबंध में कोई बात सुनते ही इतना खूँखार क्यों हो उठता है?

जिस व्यक्ति को जिस वस्तु की आवश्यकता होती है, उसे वही सबसे उपयोगी जान पड़ती है। अतः उन लोगों के लिए, जो खाने-पीने, वंश-वृद्धि करने और फिर मर जाने के सिवा और कुछ नहीं जानते, इंद्रिय-सुख एकमात्र उपलब्ध करने योग्य वस्तु है, ऐसे लोगों के हृदय में उच्चतर विषय के लिए थोड़ी सी भी स्पृहा जागने के लिए अनेक जन्म लग जाएँगे। पर जिनके लिए आत्मोन्नति के साधन ऐहिक जीवन के क्षणिक सुख-भोगों से अधिक महत्त्वपूर्ण हैं, जिनकी दृष्टि में इंद्रियों की तुष्टिमात्र एक नासमझ बच्चे के खिलवाड़ के समान है, उनके लिए भगवान् और भगवत्प्रेम ही मानव-जीवन का सर्वोच्च एवं एकमात्र प्रयोजन है।

*जिस व्यक्ति को जिस वस्तु की आवश्यकता होती है, उसे वही सबसे उपयोगी जान पड़ती है। अतः उन लोगों के लिए, जो खाने-पीने, वंश-वृद्धि करने और फिर मर जाने के सिवा और कुछ नहीं जानते, इंद्रिय-सुख एकमात्र उपलब्ध करने योग्य वस्तु है, ऐसे लोगों के हृदय में उच्चतर विषय के लिए थोड़ी सी भी स्पृहा जागने के लिए अनेक जन्म लग जाएँगे।*

भक्ति तो तुम्हारे भीतर ही है, केवल उसके ऊपर काम-कांचन का एक आवरण सा पड़ा हुआ है। उसको हटाते ही भीतर की वह भक्ति स्वयमेव प्रकट हो जाएगी।

भक्ति प्राप्त करने का एक उपाय है—ईश्वर का बारंबार नाम-जप। मंत्रों के केवल शब्दोच्चारण का प्रभाव होता है।

भक्ति प्राप्त करने के लिए ऐसे पवित्र मनुष्यों की संगति खोजो, जिनमें भक्ति हो; और 'गीता' तथा 'ईसानुसरण' जैसी पुस्तकें पढ़ो। सदैव ईश्वर के गुणों के विषय में विचार करो।

ईश्वर के संबंध में केवल नानाविध मत-मतांतरों की आलोचना करने से

काम नहीं चलेगा। ईश्वर से प्रेम करना होगा और साधना करनी होगी। संसार और सांसारिक विषयों का त्याग विशेषत: तब करो, जब 'पौधा' सुकुमार रहता है। दिन-रात ईश्वर का चिंतन करो और जहाँ तक हो सके, दूसरे विषयों का चिंतन छोड़ दो। सभी आवश्यक दैनंदिन विचारों का चिंतन ईश्वर के माध्यम से किया जा सकता है। ईश्वर को अर्पित करके खाओ, उसको अर्पित करके पिओ, उसको अर्पित करके सोओ, सबमें उसी को देखो, दूसरों से उसकी चर्चा करो; यह सबसे अधिक उपयोगी है।

भक्तियोग कुछ छोड़ने-छाड़ने की शिक्षा नहीं देता। वह केवल कहता है, "परमेश्वर में आसक्त होओ।" और जो परमेश्वर के प्रेम में उन्मत्त हो गया है, उसकी स्वभावत: निम्न विषयों में कोई प्रवृत्ति नहीं रह सकती।

*भक्तियोग में प्रथम विशेष प्रयोजन है—निष्कपट और प्रबल भाव से ईश्वर को चाहना। हम ईश्वर को छोड़कर और सभी कुछ चाहते हैं; क्योंकि बहिर्जगत् से हमारी सभी वासनाएँ पूर्ण होती हैं। जब तक हमारी आवश्यकताएँ जड़जगत् के भीतर ही सीमाबद्ध हैं, तब तक हम ईश्वर के अभाव का बोध नहीं कर पाते।*

भक्तियोग में प्रथम विशेष प्रयोजन है—निष्कपट और प्रबल भाव से ईश्वर को चाहना। हम ईश्वर को छोड़कर और सभी कुछ चाहते हैं; क्योंकि बहिर्जगत् से हमारी सभी वासनाएँ पूर्ण होती हैं। जब तक हमारी आवश्यकताएँ जड़जगत् के भीतर ही सीमाबद्ध हैं, तब तक हम ईश्वर के अभाव का बोध नहीं कर पाते। किंतु जब हम पर इस जीवन में चारों ओर से प्रबल आघात पड़ते हैं और इस जगत् के सभी विषयों से जब हम निराश हो जाते हैं, तभी हमें किसी उच्चतर वस्तु की आवश्यकता प्रतीत होती है, तभी हम ईश्वर का अन्वेषण करते हैं।

भक्ति विध्वंसात्मक नहीं है, वरन् भक्तियोग की शिक्षा यह है कि हमारी सभी क्षमताएँ मुक्तिलाभ करने का उपायस्वरूप हो सकती हैं। इन सभी वृत्तियों को ईश्वराभिमुख करना होगा। साधारणत: जो प्रेम अनित्य इंद्रिय-विषयों में नष्ट किया जाता है, वही ईश्वर को समर्पित करना होगा।

तुम्हारी पाश्चात्य धर्म की धारणा से भक्ति में अंतर इतना ही है कि भक्ति में भय का कोई स्थान नहीं है। भक्ति द्वारा किसी पुरुष का क्रोध शांत करने या किसी को संतुष्ट करने की आवश्यकता नहीं होती। इतना ही नहीं, ऐसे भी भक्त हैं, जो ईश्वर की उपासना पुत्र भाव से करते हैं। इस प्रकार की उपासना का उद्‌देश्य यही है कि ऐसी उपासना में भय या भयमिश्रित भक्ति का कोई भाव नहीं रहता। प्रकृत प्रेम में भय नहीं रह सकता और जब तक थोड़ा सा भी भय रहेगा, तब तक भक्ति का आरंभ ही नहीं हो सकता एवं भक्ति में भगवान् से भिक्षा माँगने का भाव अथवा उनके साथ क्रय-विक्रय करने का भाव नहीं रहता। भगवान् के पास किसी वस्तु के लिए प्रार्थना करना भक्त की दृष्टि में महान् अपराध है। भक्त कभी भी भगवान् से आरोग्य या ऐश्वर्य की कामना नहीं करता; इतना ही नहीं, वह स्वर्ग तक की कामना नहीं करता।

प्रेम के धर्म में हमें द्वैत भाव से आरंभ करना पड़ता है। उस समय हमारे लिए भगवान् हमसे भिन्न रहता है और हम भी अपने को उससे भिन्न समझते हैं, फिर प्रेम बीच में आ जाता है, तब मनुष्य भगवान् की ओर अग्रसर होने लगता है और भगवान् भी क्रमशः मनुष्य के अधिकाधिक निकट आने लगता है। मनुष्य संसार के सारे संबंध, जैसे माता, पिता, पुत्र, सखा, स्वामी, प्रेमी आदि भाव लेता है और अपने प्रेम के आदर्श भगवान् के प्रति उन सबको आरोपित करता जाता है। उसके लिए भगवान् इन सभी रूपों में विराजमान है और उसकी उन्नति की चरम अवस्था तो वह है, जिसमें वह अपने उपास्य देवता में संपूर्ण रूप से निमग्न हो जाता है।

*प्रेम के धर्म में हमें द्वैत भाव से आरंभ करना पड़ता है। उस समय हमारे लिए भगवान् हमसे भिन्न रहता है और हम भी अपने को उससे भिन्न समझते हैं, फिर प्रेम बीच में आ जाता है, तब मनुष्य भगवान् की ओर अग्रसर होने लगता है और भगवान् भी क्रमशः मनुष्य के अधिकाधिक निकट आने लगता है।*

हम सबका पहले अपने प्रति प्रेम रहता है और इस क्षुद्र अहंभाव का असंगत दावा प्रेम को भी स्वार्थपर बना देता है। परंतु अंत में ज्ञान-ज्योति का भरपूर प्रकाश आता है, जिसमें यह क्षुद्र अहं उस अनंत के साथ एक हो जाता है।

इस प्रेम के प्रकाश में मनुष्य स्वयं संपूर्ण रूप से परिवर्तित हो जाता है और अंत में इस सुंदर एवं प्राणों को उन्मत्त बना देनेवाले सत्य का अनुभव करता है कि प्रेम, प्रेमी और प्रेमास्पद तीनों एक ही हैं।

भक्ति स्वाभाविक सुखकर पथ है। दर्शन एक प्रबल वेगवती पर्वतीय नदी को बलपूर्वक ठेलकर उसको उद्गम-स्थान की ओर ले जाने के सदृश है। वह द्रुततर है, किंतु विशेष कठिन भी है। दर्शन कहता है, "समुदय प्रवृत्ति का निरोध करो।" भक्तिमार्ग कहता है, "सबकुछ धारा में बहा दो, सदा के लिए संपूर्ण आत्मसमर्पण कर दो।" वह मार्ग लंबा तो है, किंतु अपेक्षाकृत सरल और सुखकर है।

*भक्ति स्वाभाविक सुखकर पथ है। दर्शन एक प्रबल वेगवती पर्वतीय नदी को बलपूर्वक ठेलकर उसको उद्गम-स्थान की ओर ले जाने के सदृश है। वह द्रुततर है, किंतु विशेष कठिन भी है। दर्शन कहता है, "समुदय प्रवृत्ति का निरोध करो।"*

यदि मनुष्य को स्थायी भक्ति की उपलब्धि करनी है तो उसे यह द्वेष-बुद्धि छोड़नी ही होगी। द्वेष भक्ति-पथ में बड़ा बाधक है, जो मनुष्य उसे छोड़ सकेगा, वही ईश्वर को पा सकेगा। यदि किसी व्यक्ति को एक दिन भोजन न मिले तो उसे महाकष्ट होगा। संतान की मृत्यु होने पर उसको कैसी यंत्रणा होती है? जो भगवान् के प्रकृत भक्त हैं, उनके भी प्राण भगवान् के विरह में उसी प्रकार छटपटाते हैं। भक्ति में यह बड़ा गुण है कि उसके द्वारा चित्त शुद्ध हो जाता है और परमेश्वर के प्रति दृढ़ भक्ति होने से केवल उसी के द्वारा चित्त शुद्ध हो जाता है।

सब प्रकार के वैराग्यों में भक्तियोगी का वैराग्य सबसे स्वाभाविक है। उसमें न कोई कठोरता है, न कुछ छोड़ना पड़ता है, न हमें अपने आपसे कोई चीज छीननी पड़ती है, और न बलपूर्वक किसी चीज से हमें अपने आपको अलग ही करना पड़ता है। भक्ति का त्याग तो अत्यंत सहज और हमारे आसपास की वस्तुओं की तरह स्वाभाविक होता है। इस प्रकार का त्याग, बहुत कुछ विकृत रूप में हम प्रतिदिन अपने चारों ओर देखते हैं।

भक्त कहता है, "इस क्षणभंगुर संसार में, जहाँ प्रत्येक वस्तु टुकड़े-टुकड़े

होकर धूल में मिली जा रही है, हमें अपने समय का सदुपयोग कर लेना चाहिए।" और वास्तव में जीवन का सर्वश्रेष्ठ उपयोग यही है कि उसे सर्वभूतों की सेवा में लगा दिया जाए।

हमारा सबसे बड़ा भ्रम यह है कि हमारा यह शरीर ही हम है और जिस किसी प्रकार से हो, उसकी रक्षा करनी होगी, इसे सुखी रखना होगा। और यह भयानक देहात्मबुद्धि ही संसार में सब प्रकार की स्वार्थपरता की जड़ है। यदि तुम यह निश्चित रूप से जान सको कि तुम शरीर से बिल्कुल पृथक् हो तो फिर इस दुनिया में ऐसा कुछ भी नहीं रह जाएगा, जिसके साथ तुम्हारा विरोध हो सके। तब तुम सब प्रकार की स्वार्थपरता के अतीत हो जाओगे। इसीलिए भक्त कहता है, "हमें ऐसे रहना चाहिए, मानो हम दुनिया की सारी चीजों के लिए मर से गए हों। और वास्तव में यही यथार्थ आत्मसमर्पण है, यही सच्ची शरणागति है, जो होने को है, हो।" यही 'तेरी इच्छा पूर्ण हो' का तात्पर्य है।

*हमारा सबसे बड़ा भ्रम यह है कि हमारा यह शरीर ही हम है और जिस किसी प्रकार से हो, उसकी रक्षा करनी होगी, इसे सुखी रखना होगा। और यह भयानक देहात्मबुद्धि ही संसार में सब प्रकार की स्वार्थपरता की जड़ है। यदि तुम यह निश्चित रूप से जान सको कि तुम शरीर से बिल्कुल पृथक् हो तो फिर इस दुनिया में ऐसा कुछ भी नहीं रह जाएगा, जिसके साथ तुम्हारा विरोध हो सके।*

'प्रभो, लोग तुम्हारे नाम पर बड़े-बड़े मंदिर बनवाते हैं, बड़े-बड़े दान देते हैं, पर मैं तो निर्धन हूँ, मेरे पास कुछ भी नहीं है। अतः मैं अपने इन शरीर को ही तुम्हारे चरणों में अर्पित करता हूँ। मेरा परित्याग न करना, मेरे प्रभो!' जिसने एक बार इस अवस्था का आस्वादन कर लिया है, उसके लिए प्रेमास्पद भगवान् के चरणों में यह चिर आत्मसमर्पण कुबेर के धन एवं इंद्र के ऐश्वर्य से भी श्रेष्ठ है, नाम-यश और सुख-संपदा की महान् आकांक्षा से भी महत्तर है।

भक्त के शांत आत्मसमर्पण से हृदय में जो शांति आती है, उसकी तुलना नहीं हो सकती, वह बुद्धि के लिए अगोचर है। जब भक्त इस अवस्था में पहुँच

जाता है, तब उसमें ये सब तर्क-वितर्क नहीं उठते कि भगवान् को सिद्ध किया जा सकता है अथवा नहीं, भगवान् सर्वज्ञ और सर्वशक्तिमान है या नहीं? उसके लिए तो भगवान् प्रेममय है, प्रेम का सर्वोच्च आदर्श है और बस यह जानना ही उसके लिए यथेष्ट है। भगवान् प्रेमरूप होने के कारण स्वत: सिद्ध है, वह अन्य किसी प्रमाण की अपेक्षा नहीं रखता। प्रेमी के पास प्रेमास्पद का अस्तित्व सिद्ध करने के लिए किसी बात की आवश्यकता नहीं। अन्यान्य धर्मों के न्यायकर्ता भगवान् का अस्तित्व सिद्ध करने के लिए बहुत से प्रमाणों की आवश्यकता हो सकती है, पर भक्त तो ऐसे भगवान् की बात मन में भी नहीं ला सकता। उसके लिए तो भगवान् केवल प्रेमस्वरूप है।

*पूर्णता प्राप्त भक्त अपने भगवान् को मंदिरों और गिरजों में खोजने नहीं जाता; उसके लिए तो ऐसा कोई स्थान ही नहीं, जहाँ वह न हों। वह उसे मंदिर के भीतर और बाहर, सर्वत्र देखता है। साधु की साधुता में और दुष्ट की दुष्टता में भी वह उसके दर्शन करता है, क्योंकि उसने तो उसे महिमामय प्रभु को पहले से ही अपने हृदय-सिंहासन पर बिठा लिया है और जानता है कि वह एक सर्वशक्तिमान एवं अनिर्वाण प्रेमज्योति के रूप में उसके हृदय में नित्य दीप्तिमान है एवं सदा से वर्तमान है।*

पूर्णता प्राप्त भक्त अपने भगवान् को मंदिरों और गिरजों में खोजने नहीं जाता; उसके लिए तो ऐसा कोई स्थान ही नहीं, जहाँ वह न हों। वह उसे मंदिर के भीतर और बाहर, सर्वत्र देखता है। साधु की साधुता में और दुष्ट की दुष्टता में भी वह उसके दर्शन करता है, क्योंकि उसने तो उसे महिमामय प्रभु को पहले से ही अपने हृदय-सिंहासन पर बिठा लिया है और जानता है कि वह एक सर्वशक्तिमान एवं अनिर्वाण प्रेमज्योति के रूप में उसके हृदय में नित्य दीप्तिमान है एवं सदा से वर्तमान है।

अंत में भक्त इसी भाव पर आ पहुँचता है कि स्वयं प्रेम ही भगवान् है और बाकी सबकुछ असत् है। भगवान् का अस्तित्व प्रमाणित करने के लिए मनुष्य को अब और कहाँ जाना होगा? इस प्रत्यक्ष संसार में जो कुछ भी पदार्थ हैं, सबके

अंदर सर्वापेक्षा स्पष्ट दिखाई देनेवाला तो भगवान् ही है। वही वह शक्ति है, जो सूर्य, चंद्र, और तारों को घुमाती एवं चलाती है तथा स्त्री-पुरुषों में, सभी जीवों में, सभी वस्तुओं में प्रकाशित हो रही है। जड़ शक्ति के राज्य में, मध्याकर्षण शक्ति के रूप में वही विद्यमान है। प्रत्येक स्थान में, प्रत्येक परमाणु में वही विद्यमान है, सर्वत्र उसकी ज्योति छिटकी हुई है। वही अनंत प्रेमस्वरूप है, संसार की एकमात्र संचालिनी शक्ति है और वही सर्वत्र प्रत्यक्ष दिखाई दे रहा है।

मैं जानता हूँ कि मैं ही वह हूँ तो भी मैं उससे अपने को अलग रखूँगा और उससे पृथक् रहूँगा, ताकि मैं उस प्रियतम में आनंद ले सकूँ। प्रेम के लिए प्रेम, यही भक्त का सर्वोच्च सुख है।

मैं एक ऐसे महापुरुष को जानता हूँ, जिन्हें लोग पागल कहते थे। इस पर उनका उत्तर था, "भाइयो, सारा संसार ही तो एक पागलखाना है। कोई सांसारिक प्रेम के पीछे पागल है, कोई नाम के पीछे, कोई यश के लिए तो कोई पैसे के लिए। फिर कोई ऐसे भी हैं, जो उद्धार पाने या स्वर्ग जाने के लिए पागल हैं। इस विराट् पागलखाने में मैं भी एक पागल हूँ, मैं भगवान् के लिए पागल हूँ। तुम पैसे के लिए पागल हो और मैं भगवान् के लिए। जैसे तुम पागल हो, वैसा ही मैं भी। फिर भी मैं सोचता हूँ कि मेरा ही पागलपन सबसे उत्तम है।" यथार्थ भक्त के प्रेम में इसी प्रकार की तीव्र उन्मत्तता रहती है और इसके सामने अन्य सबकुछ उड़ जाता है। उसके लिए तो यह सारा जगत् केवल प्रेम से भरा है, प्रेमी को बस ऐसा ही दिखता है। जब मनुष्य में यह प्रेम प्रवेश करता है तो वह चिरकाल के लिए सुखी एवं मुक्त हो जाता है। और दैवी प्रेम

*सारा संसार ही तो एक पागलखाना है। कोई सांसारिक प्रेम के पीछे पागल है, कोई नाम के पीछे, कोई यश के लिए तो कोई पैसे के लिए। फिर कोई ऐसे भी हैं, जो उद्धार पाने या स्वर्ग जाने के लिए पागल हैं। इस विराट् पागलखाने में मैं भी एक पागल हूँ, मैं भगवान् के लिए पागल हूँ। तुम पैसे के लिए पागल हो और मैं भगवान् के लिए। जैसे तुम पागल हो, वैसा ही मैं भी। फिर भी मैं सोचता हूँ कि मेरा ही पागलपन सबसे उत्तम है।*

की यह पवित्र उन्मत्तता ही हममें समाई हुई संसार-व्याधि को सदा के लिए दूर कर सकती है।

इस संसार में मनुष्य सदा स्त्रियों के पीछे, धन के पीछे, मान के पीछे दौड़ता फिरता है। कभी-कभी उसे ऐसी जबरदस्त ठोकर लगती है कि उसकी आँख खुल जाती है और उसे मालूम हो जाता है कि यह संसार यथार्थ में क्या है? इस संसार में कोई भी मनुष्य ईश्वर को छोड़ अन्य किसी वस्तु से यथार्थ प्रेम नहीं कर सकता। मनुष्य को पता लग जाता है कि मानव-प्रेम हर तरह से खोखला है। मनुष्य प्रेम नहीं कर सकता, वह केवल प्रेम की बातें ही करना चाहता है। पत्नी कहती है कि 'मैं पति से प्रेम करती हूँ' और ऐसा कहकर वह अपने पति का चुंबन करती है। पर ज्यों ही पति की मृत्यु हो जाती है, सबसे पहले उसका ध्यान अपने पति के जमा किए हुए बैंक के धन की ओर जाता है और वह सोचने लगती है कि क्या-क्या करूँगी। पति-पत्नी से प्रेम करता है, पर जब पत्नी बीमार हो जाती है और उसका रूप नष्ट हो जाता है या उसे बुढ़ापा घेर लेता है अथवा पत्नी कोई भूल कर बैठती है, तब पति उस पत्नी की चिंता करना छोड़ देता है। संसार का समस्त प्रेम निरा दंभ है, खोखलापन है।

*इस संसार में मनुष्य सदा स्त्रियों के पीछे, धन के पीछे, मान के पीछे दौड़ता फिरता है। कभी-कभी उसे ऐसी जबरदस्त ठोकर लगती है कि उसकी आँख खुल जाती है और उसे मालूम हो जाता है कि यह संसार यथार्थ में क्या है? इस संसार में कोई भी मनुष्य ईश्वर को छोड़ अन्य किसी वस्तु से यथार्थ प्रेम नहीं कर सकता।*

वास्तव में सच्चे प्रेम की प्रतिक्रिया दुःखप्रद तो होती ही नहीं। उससे तो केवल आनंद ही होता है। और यदि उससे ऐसा न होता हो तो समझ लेना चाहिए कि वह प्रेम नहीं है, बल्कि और ही कोई चीज है, जिसे हम भ्रमवश प्रेम कहते हैं। जब तुम अपने पति, अपनी स्त्री, अपने बच्चों, यहाँ तक कि समस्त विश्व को इस प्रकार प्रेम करने में सफल हो सको कि उससे किसी भी प्रकार दुःख, ईर्ष्या अथवा स्वार्थपरता रूप कोई प्रतिक्रिया न हो, केवल तभी तुम सम्यक् रूप से अनासक्त होने की अवस्था में पहुँच सकोगे।

**प्रश्न :** तो क्या गृहस्थों के लिए इस प्रेममार्ग से ईश्वर को पति या प्रियतम मानकर प्रियाभाव से आराधना कर भगवत्प्राप्ति असंभव है ?

**स्वामीजी :** कुछ अपवाद छोड़कर साधारण गृहस्थों के लिए निस्संदेह यह असंभव है। और फिर इस कठिन मार्ग पर ही इतना बल क्यों ? मधुर भाव के अतिरिक्त क्या अन्य कोई भाव या संबंध नहीं हैं, जिनके द्वारा भगवत्पूजा की जा सके ? अन्य चारों मार्गों का अनुकरण कर ईश्वर का नाम हृदय से स्मरण करो। पहले हृदय के द्वार तो खुलने दो, शेष सब अपने आप ही आ जाएगा। लेकिन यह बात अच्छी तरह से समझ लो कि जब तक काम-वासना है, तब तक उस प्रेम का आविर्भाव नहीं होगा। पहले अपनी इंद्रियासक्ति, भोगों की लालसा का ही त्याग क्यों न करो ? तुम कहोगे, "यह कैसे संभव है, मैं तो गृहस्थ हूँ।" फालतू बकवास है यह सब। गृहस्थ होने का मतलब यह तो नहीं है कि कोई मूर्तिमंत वासना बन जाए या आजन्म वैवाहिक सुख का उपभोग करता रहे ? और फिर मनुष्य के लिए यह कितना लज्जास्पद है कि स्वयं को स्त्री समझने लगे, जिससे कि मधुर भाव का आचरण कर सके !

*कुछ अपवाद छोड़कर साधारण गृहस्थों के लिए निस्संदेह यह असंभव है। और फिर इस कठिन मार्ग पर ही इतना बल क्यों ? मधुर भाव के अतिरिक्त क्या अन्य कोई भाव या संबंध नहीं हैं, जिनके द्वारा भगवत्पूजा की जा सके ? अन्य चारों मार्गों का अनुकरण कर ईश्वर का नाम हृदय से स्मरण करो।*

यह पूर्णरूपेण निस्स्वार्थ भाव है, जिसमें प्रेम-पात्र के महत्त्व और उसकी आराधना के अतिरिक्त कोई दूसरा विचार नहीं आता। प्रेम ऐसा गुण है, जो झुकता है, पूजा करता है और बदले में कुछ नहीं चाहता। ईश्वर का प्रेम भिन्न वस्तु है। ईश्वर को हम इसलिए नहीं मानते कि हमें वास्तव में उसकी आवश्यकता है, परंतु अपनी स्वार्थसिद्धि के लिए।

मनुष्य तभी वास्तव में प्रेम करता है, जब वह देखता है कि उसके प्रेम का पात्र कोई क्षुद्र मर्त्य जीव नहीं है। मनुष्य तभी वास्तविक प्रेम कर सकता है, जब वह देखता है कि उसके प्रेम का पात्र एक मिट्टी का ढेला नहीं, बल्कि

वास्तविक, स्वयं भगवान् है। स्त्री पति से और अधिक प्रेम करेगी, यदि वह समझेगी कि स्वामी साक्षात् ब्रह्मस्वरूप है। पति भी स्त्री से अधिक प्रेम करेगा, यदि वह जानेगा कि स्त्री स्वयं ब्रह्मस्वरूप है। वे माताएँ संतान से अधिक स्नेह कर सकेंगी, जो संतान को ब्रह्मस्वरूप देखेंगी। वे लोग ही अपने महान् शत्रुओं के प्रति भी प्रेमभाव रख सकेंगे, जो जानेंगे कि ये शत्रु साक्षात् ब्रह्मस्वरूप हैं। वे लोग ही पवित्र व्यक्तियों से प्रेम करेंगे, जो समझेंगे कि साधु व्यक्ति साक्षात् ब्रह्मस्वरूप है। वे लोग ही अत्यंत अपवित्र व्यक्तियों से भी प्रेम करेंगे, जो यह जान लेंगे कि इन महादुष्टों के पीछे भी वे प्रभु ही विराजमान हैं।

ईश्वर का प्रेम 'मैं इससे क्या पा सकता हूँ?' सिद्धांत के ऊपर आधारित प्रतीत होता है। ईसाई अपने प्रेम में इतने स्वार्थी हैं कि वे निरंतर ईश्वर से कुछ देने के लिए प्रार्थना किया करते हैं, जिनमें सभी प्रकार की स्वार्थपूर्ण वस्तुएँ सम्मिलित होती हैं। अत: आधुनिक धर्म एक मनोरंजन एवं फैशन छोड़कर और कुछ नहीं है; लोग चर्च में भेड़ों के झुंड की भाँति एकत्र होते हैं।

□

# मूर्तिपूजा

ईश्वर नित्य, निराकार, सर्वव्यापी है। उसे विशेष रूपधारी समझना पाखंड होगा। पर मूर्तिपूजा का रहस्य यह है कि तुम किसी एक वस्तु में अपनी ईश्वर-बुद्धि विकसित करने का प्रयत्न कर रहे हो।

संसार के मुख्य धर्मों में से वेदांत, बौद्ध धर्म और ईसाई धर्म के कुछ संप्रदाय बिना किसी आपत्ति के प्रतिमाओं का उपयोग करते हैं। केवल इसलाम और प्रोटेस्टेंड, ये दो ही ऐसे धर्म हैं, जो इस सहायता की आवश्यकता नहीं मानते। फिर भी मुसलमान प्रतिमा के स्थान पर अपने पीरों-फकीरों की कब्रों का उपयोग करते हैं और प्रोटेस्टेंड लोग धर्म में सब प्रकार की बाह्य सहायता का तिरस्कार कर धीरे-धीरे वर्ष-प्रतिवर्ष आध्यात्मिकता से दूर हटते चले जा रहे हैं।

तुममें से प्रत्येक व्यक्ति ने सर्वव्यापी परमेश्वर में विश्वास करना सीखा है। वही सोचने की कोशिश करो। तुममें से कितने कम लोग सर्वव्यापकत्व की कल्पना कर सकते हैं? अगर तुम बहुत प्रयत्न करो तो तुम्हें समुद्र की, आकाश की, विस्तृत हरियाली की या मरुभूमि की ही कल्पना आएगी। लेकिन ये सब स्थूल आकृतियाँ हैं; तथा जब तक तुम अमूर्त की कल्पना अमूर्त रूप से ही नहीं कर सकते और जब तक निराकार के रूप में ही तुम्हें अवगत नहीं होता, तब तक तुम्हें इन आकृतियों का, इन स्थूल मूर्तियों का आश्रय लेना ही होगा। ये आकृतियाँ चाहे मन के अंदर हों, चाहे मन के बाहर, इससे कुछ अधिक अंतर नहीं होता। हम सब जन्म से ही मूर्तिपूजक हैं। और मूर्तिपूजा अच्छी है, क्योंकि यह मनुष्य के लिए अत्यंत स्वाभाविक है। इस उपासना से परे कौन जा सकता है? केवल वही,

जो सिद्ध पुरुष है, जो अवतारी पुरुष है। बाकी सब मूर्तिपूजक ही हैं। जब तक यह विश्व और उसमें की मूर्त वस्तुएँ हमारी आँखों के सामने खड़ी हैं, तब तक हममें से प्रत्येक मूर्तिपूजक है। स्वयं यह विश्व ही एक विशाल प्रतीक है, जिसकी हम पूजा कर रहे हैं। जो कहता है कि मैं शरीर हूँ, वह जन्म से ही मूर्तिपूजक है। हम हैं आत्मा, जिसका न कोई आकार है, न रूप, जो अनंत है और जिसमें जड़त्व का संपूर्ण अभाव है। अतएव जो लोग अमूर्त की धारणा तक नहीं कर सकते, जो शरीर या जड़ वस्तुओं का आश्रय लिये बिना अपने वास्तविक स्वरूप का चिंतन नहीं कर सकते, वे मूर्तिपूजक ही हैं। फिर भी ऐसे लोग एक-दूसरे को 'तुम मूर्तिपूजक हो' कहते हुए आपस में कैसे झगड़ते हैं! दूसरे शब्दों में, प्रत्येक कहता है कि मेरी ही मूर्ति सच्ची है, दूसरों की नहीं।

***दो प्रकार के मनुष्यों को किसी मूर्ति की आवश्यकता नहीं होती, एक तो मानव-रूपधारी पशु, जो कभी धर्म का विचार ही नहीं करता और दूसरा, पूर्णत्व प्राप्त व्यक्ति, जो इन सब सीढ़ियों को पार कर चुका है। इन दोनों छोरों के बीच हम सबको किसी-न-किसी बाहरी या भीतरी आदर्श की आवश्यकता होती है।***

दो प्रकार के मनुष्यों को किसी मूर्ति की आवश्यकता नहीं होती, एक तो मानव-रूपधारी पशु, जो कभी धर्म का विचार ही नहीं करता और दूसरा, पूर्णत्व प्राप्त व्यक्ति, जो इन सब सीढ़ियों को पार कर चुका है। इन दोनों छोरों के बीच हम सबको किसी-न-किसी बाहरी या भीतरी आदर्श की आवश्यकता होती है।

'व्यक्ति की उपासना मत करो' यह कहना तो बहुत आसान है, पर साधारणतः जो मनुष्य ऐसा कहता है, वही व्यक्तित्व की अत्यधिक उपासना करनेवाला देखा जाता है। विशेष पुरुषों और स्त्रियों के प्रति उसकी अत्यधिक आसक्ति रहा करती है। उन लोगों की मृत्यु के पश्चात् भी वह आसक्ति नहीं जाती और मृत्यु के उपरांत भी वह उनका अनुसरण करना चाहता है। यह मूर्तिपूजा है, मूर्तिपूजा का आदि कारण अथवा बीज है, और कारण का अस्तित्व रहते हुए वह किसी-न-किसी रूप में अवश्य प्रकट होगा। क्या किसी साधारण पुरुष या स्त्री के प्रति आसक्ति रखने की अपेक्षा ईसा या बुद्ध की मूर्ति के प्रति

व्यक्तिगत आसक्ति रखना कहीं अधिक श्रेष्ठ नहीं है?

आजकल मूर्तिपूजा को गलत बताने की प्रथा सी चल पड़ी है और सब लोग बिना किसी आपत्ति के उसमें विश्वास भी करने लग गए हैं। मैंने भी एक समय ऐसा ही सोचा था और उसके दंडस्वरूप मुझे ऐसे व्यक्ति के चरण कमलों में बैठकर शिक्षा ग्रहण करनी पड़ी, जिन्होंने सबकुछ मूर्तिपूजा के ही द्वारा प्राप्त किया था, मेरा अभिप्राय श्रीरामकृष्ण परमहंस से है। यदि मूर्तिपूजा द्वारा श्री रामकृष्ण जैसे व्यक्ति उत्पन्न हो सकते हैं, तब तुम क्या पसंद करोगे, सुधारकों का धर्म या मूर्तिपूजा? मैं इस प्रश्न का उत्तर चाहता हूँ। यदि मूर्तिपूजा द्वारा इस प्रकार श्रीरामकृष्ण परमहंस उत्पन्न हो सकते हैं तो और हजारों मूर्तियों की पूजा करो। प्रभु तुम्हें सिद्धि दे!

ईसाई समझते हैं कि जब ईश्वर पंडुक से रूप में आया, तब तो ठीक था, पर जब वह मत्स्य के रूप में आता है, जैसा कि हिंदू लोग मानते हैं तो वह बिल्कुल गलत और कुसंस्कारपूर्ण है। यहूदी समझते हैं कि यदि मूर्ति संदूक के आकार की हो, जिसके किनारों पर दो देवदूत बैठे हों और जिसमें एक पुस्तक हो, तब तो वह ठीक है, पर यदि वही मूर्ति पुरुष या स्त्री आकार की हो तो वह भयंकर है। मुसलमान समझते हैं कि नमाज के समय यदि मसजिद और काबा की प्रतिमा अपने मन में लाने का प्रयत्न करें और पश्चिम की ओर अपना मुँह कर लें तो बिल्कुल दुरुस्त है, पर यदि प्रतिमा चर्च के आकार की हो तो वह मूर्तिपूजा है। यह है मूर्तिपूजा का दोष।

*ईसाई समझते हैं कि जब ईश्वर पंडुक से रूप में आया, तब तो ठीक था, पर जब वह मत्स्य के रूप में आता है, जैसा कि हिंदू लोग मानते हैं तो वह बिल्कुल गलत और कुसंस्कारपूर्ण है। यहूदी समझते हैं कि यदि मूर्ति संदूक के आकार की हो, जिसके किनारों पर दो देवदूत बैठे हों और जिसमें एक पुस्तक हो, तब तो वह ठीक है, पर यदि वही मूर्ति पुरुष या स्त्री आकार की हो तो वह भयंकर है।*

तुम पूजा किसी भी वस्तु की कर सकते हो, पर हाँ, उसमें ईश्वर को देखते हुए। मूर्ति को भूल जाओ और उसमें ईश्वर के दर्शन करो। तुम किसी प्रतिमा का

आरोपण ईश्वर पर मत करो, बल्कि प्रतिमा में ईश्वर को व्याप्त देखो। प्रतिमा को भूल जाओ, तभी तुम सही रास्ते पर होगे, क्योंकि 'उसी ईश्वर से सभी वस्तुओं की उत्पत्ति है।' वह ईश्वर सभी वस्तुओं में है। हम एक चित्र की पूजा ईश्वर की तरह कर सकते हैं, पर ईश्वर को वह चित्र मानकर नहीं। चित्र में ईश्वर की भावना करना ठीक है, पर चित्र को ईश्वर समझना भूल है। प्रतिमा में ईश्वर तो ठीक है, उसमें कोई खतरा नहीं; ईश्वर की सच्ची पूजा यही है।

शास्त्र का वाक्य है, "बाह्य पूजा या मूर्तिपूजा सबसे नीचे की अवस्था है, आगे बढ़ने का प्रयास करते समय मानसिक प्रार्थना साधना की दूसरी अवस्था है और सबसे उच्च अवस्था तो वह है, जब परमेश्वर का साक्षात्कार हो जाए।" देखिए, वही अनुरागी साधक, जो पहले मूर्ति के सामने प्रणत रहता था, अब क्या कह रहा है, "सूर्य उस परमात्मा को प्रकाशित नहीं कर सकता, न चंद्रमा या तारागण ही; वह विद्युत्प्रभा भी परमेश्वर को उद्भासित नहीं कर सकती, तब इस सामान्य अग्नि की बात ही क्या! ये सभी उसी परमेश्वर के कारण प्रकाशित होते हैं।" पर वह किसी की मूर्ति को गाली नहीं देता और न उसकी पूजा को पाप ही बताता है। वह तो उसे जीवन की एक आवश्यक अवस्था जानकर उसको स्वीकार करता है। 'बालक ही मनुष्य का जनक है।'

*अनेकता में एकता प्रकृति का विधान है और हिंदुओं ने इसे स्वीकार किया है। अन्य प्रत्येक धर्म में कुछ निर्दिष्ट मतवाद विधिबद्ध कर दिए गए हैं और सारे समाज को उन्हें मानना अनिवार्य कर दिया जाता है। वह समाज के सामने केवल एक कोट रख देता है, जो जैक, जॉन और हेनरी, सभी को ठीक होना चाहिए।*

अनेकता में एकता प्रकृति का विधान है और हिंदुओं ने इसे स्वीकार किया है। अन्य प्रत्येक धर्म में कुछ निर्दिष्ट मतवाद विधिबद्ध कर दिए गए हैं और सारे समाज को उन्हें मानना अनिवार्य कर दिया जाता है। वह समाज के सामने केवल एक कोट रख देता है, जो जैक, जॉन और हेनरी, सभी को ठीक होना चाहिए। यदि वह जॉन या हेनरी के शरीर में ठीक नहीं आता तो उसे अपना तन ढकने

के लिए बिना कोट के ही रहना होगा। हिंदुओं ने यह जान लिया है कि निरपेक्ष ब्रह्म-तत्त्व का साक्षात्कार, चिंतन या वर्णन केवल सापेक्ष के सहारे ही हो सकता है और मूर्तियाँ, क्रूस या नवोदित चंद्र केवल विभिन्न प्रतीक हैं, वे मानो बहुत सी खूँटियाँ हैं, जिनमें धार्मिक भावनाएँ लटकाई जाती हैं। ऐसा नहीं है कि इन प्रतीकों की आवश्यकता हर एक के लिए हो, किंतु जिनको अपने लिए इन प्रतीकों की सहायता की आवश्यकता नहीं है, उन्हें यह कहने का अधिकार नहीं कि वे गलत हैं। हिंदू धर्म में वे अनिवार्य नहीं हैं।

भारतवर्ष में मूर्तिपूजा कोई जघन्य बात नहीं है। वह व्यभिचार की जननी नहीं है, वरन् वह अविकसित मन के लिए उच्च आध्यात्मिक भाव को ग्रहण करने का उपाय है। अवश्य हिंदुओं के बहुतेरे दोष हैं, उनके कुछ अपने अपवाद हैं, पर यह ध्यान रखिए कि उनके वे दोष अपने शरीर को ही उत्पीड़ित करने तक सीमित हैं, वे कभी अपने पड़ोसियों का गला नहीं काटने जाते। एक हिंदू धर्मांध भले ही चिता पर अपने आपको जला डाले, पर वह विधर्मियों को जलाने के लिए 'इन्क्विजिशन' की अग्नि कभी भी प्रज्वलित नहीं करेगा। और इस बात के लिए उसके धर्म को उससे अधिक दोषी नहीं ठहराया जा सकता, जितना डायनों को जलाने का दोष ईसाई धर्म पर मढ़ा जा सकता है।

*भारतवर्ष में मूर्तिपूजा कोई जघन्य बात नहीं है। वह व्यभिचार की जननी नहीं है, वरन् वह अविकसित मन के लिए उच्च आध्यात्मिक भाव को ग्रहण करने का उपाय है। अवश्य हिंदुओं के बहुतेरे दोष हैं, उनके कुछ अपने अपवाद हैं, पर यह ध्यान रखिए कि उनके वे दोष अपने शरीर को ही उत्पीड़ित करने तक सीमित हैं, वे कभी अपने पड़ोसियों का गला नहीं काटने जाते।*

अंधविश्वास मनुष्य का महान् शत्रु है, पर धर्मांधता तो उससे भी बढ़कर है। ईसाई गिरजाघर क्यों जाता है? क्रूस क्यों पवित्र है? प्रार्थना के समय आकाश की ओर मुँह क्यों किया जाता है? कैथोलिक ईसाइयों के गिरजाघर में इतनी मूर्तियाँ क्यों रहा करती हैं? और प्रोटेस्टेंट ईसाइयों के मन में प्रार्थना के समय इतनी मूर्तियाँ क्यों रहा करती हैं? मेरे भाइयो! मन में किसी मूर्ति के बिना आए

कुछ सोच सकना, उतना ही असंभव है, जितना श्वास लिये बिना जीवित रहना। साहचर्य के नियमानुसार, भौतिक मूर्ति से मानसिक भावविशेष का उद्दीपन हो जाता है अथवा मन में भावविशेष का उद्दीपन होने से तदनुरूप मूर्तिविशेष का भी आविर्भाव होता है। इसीलिए तो हिंदू आराधना के समय बाह्य प्रतीक उसके मन को अपने ध्यान के विषय परमेश्वर में एकाग्रता से स्थिर रहने में सहायता देता है। वह भी यह बात उतनी ही अच्छी तरह से जानता है, जितना आप जानते हैं कि वह मूर्ति न हो, ईश्वर ही है और न सर्वव्यापी ही। सच पूछिए तो दुनिया के लोग 'सर्वव्यापित्व' का क्या अर्थ समझते हैं? वह तो केवल एक शब्द या प्रतीक मात्र है। क्या परमेश्वर का भी कोई क्षेत्रफल है? यदि नहीं, तो जिस समय हम सर्वव्यापी शब्द का उच्चारण करते हैं, उस समय विस्तृत आकाश या देश की ही कल्पना करने के सिवा हम और क्या करते हैं?

*साहचर्य के नियमानुसार, भौतिक मूर्ति से मानसिक भावविशेष का उद्दीपन हो जाता है अथवा मन में भावविशेष का उद्दीपन होने से तदनुरूप मूर्तिविशेष का भी आविर्भाव होता है। इसीलिए तो हिंदू आराधना के समय बाह्य प्रतीक उसके मन को अपने ध्यान के विषय परमेश्वर में एकाग्रता से स्थिर रहने में सहायता देता है।*

मनुष्य को ईश्वर का साक्षात्कार करके दिव्य बनना है। मूर्तियाँ, मंदिर, गिरजाघर या ग्रंथ तो धर्म-जीवन की बाल्यावस्था में केवल आधार या सहायक मात्र हैं; पर उससे उत्तरोत्तर उन्नति भी करनी चाहिए।

इसलिए इन बचकानी कल्पनाओं का हमें त्याग कर देना चाहिए। हमें उन मनुष्यों की थोथी बकवास से परे चले जाना चाहिए, जो समझते हैं कि सारा धर्म शब्दजाल में ही समाया है, जिनकी समझ में धर्म केवल सिद्धांतों का एक समूह मात्र है, जिनके लिए धर्म केवल बुद्धि की सम्मति या विरोध है, जो धर्म का अर्थ केवल अपने पुरोहितों द्वारा बतलाए हुए कुछ शब्दों में विश्वास करना ही समझते हैं, जो धर्म को कोई ऐसी वस्तु समझते हैं, जो उनके बाप-दादाओं के विश्वास का विषय था, जो कुछ विशिष्ट कल्पनाओं एवं अंधविश्वासों को

ही धर्म मानकर उनसे चिपके रहते हैं और वह भी केवल इसलिए कि वह अंधविश्वास समस्त राष्ट्र का है। हमें इन कल्पनाओं को त्याग देना चाहिए। अखिल मानव समाज को हमें एक ऐसा विशाल प्राणी समझना चाहिए, जो धीरे-धीरे प्रकाश की ओर बढ़ रहा है अथवा एक ऐसा आश्चर्यजनक पौधा, जो स्वयं को उस अद्‌भुत सत्य के प्रति शनैः-शनैः खोल रहा है, जिसे हम ईश्वर कहते हैं। इस ओर की पहली हलचल, पहली गति सदा बाह्य अनुष्ठानों तथा स्थूल वस्तुओं द्वारा ही होती है।

□

# मन और विचार

सर्वश्रेष्ठ महापुरुष शांत, निर्वाक और अज्ञात होते हैं। वे ही ऐसे व्यक्ति हैं, जिन्हें विचार की शक्ति का सच्चा ज्ञान रहता है। उनमें यह दृढ़ विश्वास होता है कि यदि वे किसी पर्वत की गुफा में जाकर उसके द्वार बंद करके केवल पाँच सत्य विचारों का ही मनन कर इस संसार से चल बसे, तो उनके ये पाँच विचार ही अनंत काल तक जीवित रहेंगे। वास्तव में ऐसे विचार पर्वतों को भी भेदकर पार हो जाएँगे, समुद्रों को लाँघ जाएँगे और सारे संसार में व्याप्त हो जाएँगे। वे मानव-हृदय एवं मस्तिष्क में अंत:प्रविष्ट होकर ऐसे नर-नारी उत्पन्न करेंगे, जो उन्हें मनुष्य के जीवन में कार्यान्वित करेंगे।

एक विचार लो तथा उसी विचार को अपना जीवन बनाओ, उसी का चिंतन करो, उसी का स्वप्न देखो और उसी में जीवन बिताओ। तुम्हारा मस्तिष्क, स्नायु शरीर के सर्वांग उसी के विचार से पूर्ण रहें। दूसरे सारे विचार छोड़ दें। यही सिद्ध होने का उपाय है और इसी उपाय से बड़े-बड़े धर्मवीरों की उत्पत्ति हुई है।

मन एक ही है, समष्टि-मन के अंशमात्र हैं। जिसे एक ढेले का ज्ञान हो गया, उसने दुनिया की सारी मिट्टी जान ली। जो अपने मन को जानता है और स्वाधीन रख सकता है, वह हर मन का रहस्य जानता है और हर मन पर अधिकार रखता है। अतीत में कितने ही सर्वज्ञ हो चुके हैं और मेरा विश्वास है कि अब भी बहुत से होंगे तथा आगामी युगों में भी ऐसे असंख्य पुरुष जन्म लेंगे।

विचार ही हमारी कार्य-प्रवृत्ति का नियामक है। मन को सर्वोच्च विचारों से भर लो, दिन-पर-दिन यही सब भाव सुनते रहो, मास-पर-मास इसी का चिंतन

करो। पहले-पहल सफलता न भी मिले, पर कोई हानि नहीं, यह असफलता तो बिल्कुल स्वाभाविक है। यह मानव-जीवन का सौंदर्य है। जब तुम्हारा मन संयत हो जाएगा, तब तुम पूरे शरीर को वश में रख सकोगे। जब फिर तुम इस यंत्र के दास नहीं बने रहोगे तो यह देह-यंत्र ही तुम्हारा दास होकर रहेगा। तब यह देह-यंत्र आत्मा को खींचकर नीचे की ओर न ले जाकर उसकी मुक्ति में महान् सहायक हो जाएगा।

मन मानो सरोवर के समान है और हमारा प्रत्येक विचार मानो उस सरोवर की लहर के समान है। जिस प्रकार सरोवर में लहर उठती है, गिरती है, गिरकर अंतर्हित हो जाती है, उसी प्रकार मन में ये सब विचार तरंगें लगातार उठती और अंतर्हित होती रहती हैं। किंतु वे एकदम अंतर्हित नहीं हो जातीं। वे क्रमशः सूक्ष्मतर होती जाती हैं, पर विद्यमान रहती ही हैं। प्रयोजन होने पर फिर उठती हैं।

*मन मानो सरोवर के समान है और हमारा प्रत्येक विचार मानो उस सरोवर की लहर के समान है। जिस प्रकार सरोवर में लहर उठती है, गिरती है, गिरकर अंतर्हित हो जाती है, उसी प्रकार मन में ये सब विचार तरंगें लगातार उठती और अंतर्हित होती रहती हैं। किंतु वे एकदम अंतर्हित नहीं हो जातीं। वे क्रमशः सूक्ष्मतर होती जाती हैं, पर विद्यमान रहती ही हैं। प्रयोजन होने पर फिर उठती हैं।*

मन ज्ञान की भी अतीत अवस्था में जा सकता है। जिस प्रकार अज्ञान-भूमि से जो कार्य होता है, वह ज्ञान की निम्न भूमि का कार्य है, वैसे ही ज्ञान की उच्च भूमि से भी, ज्ञानातीत भूमि से भी कार्य होता है। उसमें भी किसी प्रकार का अहंभाव नहीं रहता। यह अहंभाव केवल बीच की अवस्था में रहता है। जब मन इस रेखा के ऊपर या नीचे विचरण करता है, तब किसी प्रकार का अहं-ज्ञान नहीं रहता, किंतु तब भी मन की क्रिया चलती रहती है। जब मन इस रेखा के ऊपर, अर्थात् ज्ञान-भूमि के अतीत प्रदेश में गमन करता है, तब उसे समाधि, अतिचेतन या ज्ञानातीत भूमि कहते हैं।

जब मन विकल्परहित या वृत्तिहीन होता है, तभी मन का लोप होता है और तभी आत्मा प्रत्यक्ष होती है। इस अवस्था का वर्णन भाष्यकार श्रीशंकराचार्य

ने 'अपरोक्षानुभूमि' कहकर किया है। हमारा शरीर मानो एक लौहपिंड है और हमारा प्रत्येक विचार मानो धीरे-धीरे उसके ऊपर हथौड़ी की चोट मारता है, उसके द्वारा हम अपने शरीर का गढ़न इच्छानुसार करते हैं।

हम अभी जो कुछ हैं, वह सब अपने चिंतन का ही फल है, इसलिए तुम क्या चिंतन करते हो, इस विषय में विशेष ध्यान रखो।

पर्वत की कंदरा में भी बैठकर यदि तुम कोई पाप-चिंतन करो, किसी के प्रति घृणा का भाव पोषण करो तो वह भी संचित रहेगा और कालांतर में फिर से वह तुम्हारे पास कुछ दुःख के रूप में आकर तुम पर प्रबल आघात करेगा। यदि तुम अपने हृदय से ईर्ष्या और घृणा का भाव चारों ओर बाहर भेजो तो वह चक्रवृद्धि ब्याज सहित तुम पर आकर गिरेगा। दुनिया की कोई भी ताकत उसे रोक न सकेगी। यदि तुमने एक बार उस शक्ति को बाहर भेज दिया तो फिर निश्चित जानो, तुम्हें उसका प्रतिघात सहन करना ही पड़ेगा। यह स्मरण रहने पर तुम कुकर्मों से बचे रह सकोगे।

हम जगत् के संपूर्ण शुभ विचारों के उत्तराधिकारीस्वरूप हैं, यदि हम अपने को उनके प्रति मुक्त कर दें। विचार और कार्य की स्वतंत्रता ही जीवन, उन्नति और कुशल-क्षेम का एकमेव साधन है। जहाँ यह स्वतंत्रता नहीं है, वहाँ व्यक्ति, जाति, राष्ट्र की अवनति निश्चय होगी। जात-पाँत रहे या न रहे, संप्रदाय रहे या न रहे, परंतु जो मनुष्य या वर्ग, जाति, राष्ट्र या संस्था किसी व्यक्ति के स्वतंत्र विचार या कर्म पर प्रतिबंध लगाती है, भले ही उससे दूसरों को क्षति न पहुँचे, तब भी वह आसुरी है और उसका नाश अवश्य होगा।

□

# एकाग्रचित्तता

मन की शक्तियों को एकाग्र करने के सिवा अन्य किस तरह संसार में ये समस्त ज्ञान उपलब्ध हुए हैं ? प्रकृति के द्वार पर कैसे खटखटाना चाहिए, उस पर कैसे आघात देना चाहिए, यदि केवल यह ज्ञात हो गया, तो बस प्रकृति अपना सारा रहस्य खोल देती है। उस आघात की शक्ति और तीव्रता एकाग्रता से ही आती है। मानव-मन की शक्ति की कोई सीमा नहीं। वह जितना ही एकाग्र होता है, उतनी ही उसकी शक्ति एक लक्ष्य पर केंद्रित होती है; यही रहस्य है।

मन सर्वदा ही नाना प्रकार के विषय ग्रहण कर रहा है, सदैव सब प्रकार की वस्तुओं में जा रहा है। फिर मन की ऐसी भी एक उच्चतर अवस्था है, जब वह केवल एक ही वस्तु को ग्रहण करके अन्य सब वस्तुओं को छोड़ दे सकता है। इस एक वस्तु को ग्रहण करने का फल है—समाधि। प्रतिदिन नियमित रूप से अभ्यास करने पर मन का यह नियत संयम प्रवाहाकार में चलता रहता है एवं उसकी स्थिरता होती है और तब मन सदैव एकाग्रशील रह सकता है।

मन एकाग्र हुआ है, यह कैसे जाना जाए ? मन के एकाग्र हो जाने पर समय का कोई ज्ञान न रहेगा। जितना ही समय का ज्ञान जाने लगता है, हम उतने ही एकाग्र होते जाते हैं। हम अपने दैनिक जीवन में भी देख पाते हैं कि जब हम कोई पुस्तक पढ़ने में तल्लीन रहते हैं, तब समय की ओर हमारा बिल्कुल ध्यान नहीं रहता। जब हम पढ़कर उठते हैं तो अचरज करने लगते हैं कि इतना समय बीत गया। सारा समय मानो एकत्र होकर वर्तमान में एकीभूत हो जाता है। इसीलिए कहा गया है कि अतीत, वर्तमान और भविष्य आकर जितना ही एकीभूत होते

जाते हैं, मन उतना ही एकाग्र होता जाता है।

मनुष्य और पशु में यही अंतर है कि मनुष्य में चित्त की एकाग्रता की शक्ति अपेक्षाकृत अधिक है। एकाग्रता की शक्ति में अंतर के कारण ही एक मनुष्य दूसरे मनुष्य से भिन्न होता है। छोटे-से-छोटे आदमी की तुलना ऊँचे-से-ऊँचे आदमी से करो। अंतर मन की एकाग्रता की मात्रा में होता है, बस यही अंतर है। प्रत्येक व्यक्ति का मन कभी-न-कभी एकाग्र हो जाता है। हमें जो चीजें प्यारी होती हैं, उन पर हम मन जमाते हैं। और जिन चीजों पर हम मन जमाते हैं, वे हमें प्यारी होती हैं।

*हमें चाहिए कि हम अपना मन वस्तुओं पर नियोजित करें, न कि वस्तुएँ हमारे मन को खींच लें। हमें बहुधा विवश होकर मन एकाग्र करना पड़ता है। हमारा मन विवश होकर विभिन्न वस्तुओं पर उनके किसी आकर्षक गुण के कारण जमने लगता है और हम उसका प्रतिरोध नहीं कर पाते। मन को वश में करने, अभीष्ट स्थान पर उसे लगाने के लिए विशेष प्रशिक्षण की आवश्यकता पड़ती है।*

हमें चाहिए कि हम अपना मन वस्तुओं पर नियोजित करें, न कि वस्तुएँ हमारे मन को खींच लें। हमें बहुधा विवश होकर मन एकाग्र करना पड़ता है। हमारा मन विवश होकर विभिन्न वस्तुओं पर उनके किसी आकर्षक गुण के कारण जमने लगता है और हम उसका प्रतिरोध नहीं कर पाते। मन को वश में करने, अभीष्ट स्थान पर उसे लगाने के लिए विशेष प्रशिक्षण की आवश्यकता पड़ती है। दूसरे किसी तरीके से यह हो नहीं सकता। धर्म की साधना में मन को वश में करना आवश्यक है। इस साधना में हमें मन को मन में ही लगाना पड़ता है।

हमारे मन की शक्तियों की एकाग्रता ही हमारे लिए ईश्वर-दर्शन का एकमात्र साधन है। यदि तुम एक आत्मा को (अपनी आत्मा को) जान सको तो तुम भूत, भविष्यत्, वर्तमान सभी आत्माओं को जान सकोगे। इच्छाशक्ति द्वारा मन की एकाग्रता साधित होती है और विचार, भक्ति, प्राणायाम इत्यादि विभिन्न उपायों से यह इच्छाशक्ति उद्बुद्ध और वशीकृत हो सकती है। एकाग्र मन मानो

एक प्रदीप है, जिसके द्वारा आत्मा का स्वरूप स्पष्ट रूप से देखा जा सकता है।

मन की एकाग्रता को प्राप्त करने पर भी कामनाओं और वासनाओं का उदय क्यों होता है? पूर्व संस्कार से! बुद्धदेव जब समाधि अवस्था प्राप्त करने को ही थे कि उसी समय 'मार' उनके सामने आया। 'मार' स्वयं कुछ भी नहीं था, वह मन के पूर्व संस्कार का ही छायारूप कोई प्रकाश था।

एकाग्रता समस्त ज्ञान का सार है, उसके बिना कुछ नहीं किया जा सकता। साधारण मनुष्य अपनी विचार-शक्ति का नब्बे प्रतिशत अंश व्यर्थ नष्ट कर देता है और इसलिए वह निरंतर भारी भूलें करता रहता है। प्रशिक्षित मनुष्य अथवा मन कभी कोई भूल नहीं करता। जब मन एकाग्र होता है और पीछे मोड़कर स्वयं पर ही केंद्रित कर दिया जाता है तो हमारे भीतर जो भी है, वह हमारा स्वामी न रहकर हमारा दास बन जाता है।

राजयोग हमें यही शिक्षा देना चाहता है। इसमें जितने उपदेश हैं, उन सबका उद्देश्य प्रथमत: मन की एकाग्रता का साधन है; इसके बाद है, उसके गंभीरतम प्रदेश में कितने प्रकार के भिन्न-भिन्न कार्य हो रहे हैं, उनका ज्ञान प्राप्त करना; तत्पश्चात् उनसे साधारण तत्त्वों को निकालकर उनसे अपने एक सिद्धांत पर उपनीत होना। इसीलिए राजयोग की शिक्षा किसी धर्मविशेष पर आधारित नहीं है। तुम्हारा धर्म चाहे जो हो, तुम चाहे आस्तिक हो या नास्तिक, यहूदी हो या बौद्ध या ईसाई, इससे कुछ बनता-बिगड़ता नहीं; तुम मनुष्य हो, बस यही पर्याप्त है। प्रत्येक मनुष्य में धर्म-तत्त्व का अनुसंधान करने की शक्ति है, उसे उसका अधिकार है। प्रत्येक व्यक्ति का, चाहे वह किसी भी विषय से क्यों न हो, कारण पूछने का अधिकार है और उसमें ऐसी शक्ति भी है कि वह अपने भीतर से ही उन प्रश्नों के उत्तर पा सके। पर हाँ, उसे इसके लिए कुछ कष्ट उठाना पड़ेगा।

□

# ध्यान-धारणा-समाधि

मान लो कि मन किसी एक विषय को सोचने का प्रयत्न कर रहा है, किसी एक विशेष स्थान में, जैसे मस्तक के ऊपर अथवा हृदय आदि में अपने को पकड़े रहने का प्रयत्न कर रहा है। यदि मन शरीर के केवल उस अंश द्वारा संवेदनाओं को ग्रहण करने में समर्थ होता है, शरीर के दूसरे भागों द्वारा नहीं तो उसका नाम 'धारणा' है। और जब वह अपने को कुछ समय तक उसी अवस्था में रखने में समर्थ होता है तो उसका नाम है—'ध्यान'।

ध्यान उच्चतम अवस्था है। जब तक चित्त में संशय रहता है, ऊँची अवस्था नहीं होती। समाधि उच्चावस्था है। वह द्रष्टा और साक्षी के रूप में वस्तुओं को देखता है, परंतु उनके साथ तदाकार नहीं होता। जब तक मुझे दुःख होता है, तब तक शरीर में तेरी तादात्म्य वृत्ति है। जब तक मुझे मौज या खुशी का अनुभव होता है, तब तक शरीर में मेरी तादात्म्य वृत्ति है, परंतु जो उच्चावस्था है, उसमें सुख-दुःख, दोनों में एक सा सुख अथवा आनंद प्रतीत होगा। प्रत्येक प्रकार का ध्यान प्रत्यक्ष समाधि है। चित्त के पूर्व एकाग्र हो जाने पर जीवात्मा स्थूल शरीर के बंधन से वस्तुतः मुक्त हो जाती है और उसके वास्तविक स्वरूप का ज्ञान हो जाता है।

किसी विषय पर मन को एकाग्र करने का नाम ही ध्यान है। किसी एक विषय पर भी मन की एकाग्रता हो जाने से वह एकाग्रता जिस विषय पर चाहो, उस पर लगा सकते हो।

पहले किसी एक विषय का आश्रय कर ध्यान का अभ्यास करना पड़ता

है। किसी समय मैं एक छोटे से काले बिंदु पर मन को एकाग्र किया करता था। परंतु कुछ दिन के अभ्यास के बाद वह बिंदु मुझे दिखना बंद हो गया था। वह मेरे सामने है या नहीं, यह भी ध्यान नहीं रहता था। निवात समुद्र के समान मन का संपूर्ण निरोध हो जाता था। ऐसी अवस्था में मुझे अतींद्रिय सत्य की परछाईं कुछ-कुछ दिखाई देती थी। इसलिए मेरा विचार है कि किसी सामान्य बाहरी विषय का ही आश्रय लेकर ध्यान करने का अभ्यास करने से मन की एकाग्रता होती है। जिसमें जिसका मन लगता है, उसी के ध्यान का अभ्यास करने से मन शीघ्र एकाग्र हो जाता है। इसलिए हमारे देश में इतने देव-देवी की मूर्तियों को पूजने की व्यवस्था है। देव-देवी की पूजा से ही शिल्प की उन्नति हुई है। परंतु इस बात को अभी छोड़ दो। अब बात यह है कि ध्यान का बाहरी अवलंबन सबका एक नहीं हो सकता। जो जिस विषय के आश्रय से ध्यान-सिद्ध हो गया है, वह उस अवलंबन का ही वर्णन और प्रचार कर गया है। कालांतर में वे मन को स्थिर करने के लिए हैं, इस बात को भूलने पर लोगों ने इस बाहरी अवलंबन को ही श्रेष्ठ समझ लिया। लोग उपाय में ही लगे रह गए और उद्‌देश्य पर लक्ष्य कम हो गया। मन को वृत्तिहीन करना ही उद्‌देश्य है, किंतु यह किसी विषय में तन्मय हुए बिना असंभव है।

> ***पहले किसी एक विषय का आश्रय कर ध्यान का अभ्यास करना पड़ता है। किसी समय मैं एक छोटे से काले बिंदु पर मन को एकाग्र किया करता था। परंतु कुछ दिन के अभ्यास के बाद वह बिंदु मुझे दिखना बंद हो गया था। वह मेरे सामने है या नहीं, यह भी ध्यान नहीं रहता था। निवात समुद्र के समान मन का संपूर्ण निरोध हो जाता था।***

भीतर नित्य-शुद्ध-बुद्ध-मुक्त आत्मारूपी सिंह विद्यमान है; ध्यान-धारणा करके उसका दर्शन पाते ही, माया की दुनिया उड़ जाती है। इसी का नाम 'यथार्थ पुरुषकार' है। तेल की धार की तरह मन को एक ओर लगाए रखना चाहिए। जीव का मन अनेकानेक विषयों से विक्षिप्त हो रहा है। ध्यान के समय भी पहले-पहल मन विक्षिप्त होता है। मन में चाहे जो भाव उठें, उन्हें उस समय स्थिर हो, बैठकर देखना चाहिए। देखते-देखते मन स्थिर हो जाता है और फिर मन

में चिंतन की तरंगें नहीं रहतीं। वह तरंग-समूह ही है, मन की संकल्प-वृत्ति है। इससे पूर्व जिन विषयों का तीव्र भाव से चिंतन किया है, उसका एक मानसिक प्रवाह रहता है। इसीलिए वे विषय ध्यान के समय मन में उठते हैं। साधक का मन धीरे-धीरे स्थिरता की ओर जा रहा है, उनका उठना या ध्यान के समय स्मरण होना ही उसका प्रमाण है कि मन कभी-कभी किसी भाव को लेकर एकवृत्तिस्थ हो जाता है, उसी का नाम है—'सविकल्प ध्यान'।

आध्यात्मिक जीवन का सबसे बड़ा सहायक 'ध्यान' है। ध्यान द्वारा हम अपनी भौतिक भावनाओं से अपने आपको स्वतंत्र कर लेते हैं और अपने ईश्वरीय स्वरूप का अनुभव करने लगते हैं। ध्यान करते समय हमें कोई बाहरी साधन पर अवलंबित नहीं रहना पड़ता।

*आध्यात्मिक जीवन का सबसे बड़ा सहायक 'ध्यान' है। ध्यान द्वारा हम अपनी भौतिक भावनाओं से अपने आपको स्वतंत्र कर लेते हैं और अपने ईश्वरीय स्वरूप का अनुभव करने लगते हैं। ध्यान करते समय हमें कोई बाहरी साधन पर अवलंबित नहीं रहना पड़ता।*

ध्यान ही सबसे महत्त्वपूर्ण है। मन की यह ध्यानावस्था आध्यात्मिक जीवन की सर्वाधिक समीपता है। समस्त जड़ पदार्थों से मुक्त होकर आत्मा का अपने आपके बारे में चिंतन, आत्मा का यह अद्‌भुत संस्पर्श, यही हमारे दैनिक जीवन में एकमात्र ऐसा क्षण है, जब हम किंचित् भी पार्थिव नहीं रह जाते।

तू सर्वव्यापी आत्मा है, इसी बात का मनन और ध्यान किया कर। मैं देह नहीं, मन नहीं, बुद्धि नहीं, स्थूल नहीं, सूक्ष्म नहीं, इस प्रकार 'नेति-नेति' करके प्रत्यक्ष चैतन्य रूपी अपने स्वरूप में मन को डुबो दें। इस प्रकार मन को बार-बार डुबो-डुबोकर मार डाल। तभी ज्ञानस्वरूप का बोध या स्व-स्वरूप में स्थिति होगी। उस समय ध्याता-ध्येय-ध्यान एक बन जाएँगे, ज्ञाता-ज्ञेय-ज्ञान एक हो जाएँगे। सभी अध्यासों की निवृत्ति हो जाएगी। इसी को शास्त्र में 'त्रिपुटि भेद' कहा है। इस स्थिति में जानने, न जानने का प्रश्न ही नहीं रह जाता। आत्मा ही जब एकमात्र विज्ञाता है, तब उसे फिर जानेगा कैसे? आत्मा ही ज्ञान, आत्मा

ही चैतन्य, आत्मा ही सच्चिदानंद है।

इस समाधि में प्रत्येक मनुष्य का, यही नहीं, प्रत्येक प्राणी का अधिकार है। सबसे निम्नतर प्राणी से लेकर अत्यंत उन्नत देवता तक, सभी कभी-न-कभी इस अवस्था को अवश्य प्राप्त करेंगे तथा जब किसी को यह अवस्था प्राप्त हो जाएगी, तभी और सिर्फ तभी, हम कहेंगे कि उसने यथार्थ धर्म की प्राप्ति की है। इससे पहले हम उसकी ओर जाने के लिए केवल संघर्ष करते हैं। जो धर्म नहीं मानता, उसमें और हममें अभी कोई विशेष अंतर नहीं, क्योंकि हमें आत्म-साक्षात्कार नहीं हुआ। इस आत्म-साक्षात्कार तक हमें पहुँचाने के बिना एकाग्रता का और क्या शुभ उद्देश्य है ? इस समाधि को प्राप्त करने के प्रत्येक अंग पर गंभीर रूप से विचार किया गया है, उसे विशेष रूप से नियमित, श्रेणीबद्ध और वैज्ञानिक प्रणाली में संबद्ध किया गया है। यदि साधना ठीक-ठाक हो तथा पूर्ण निष्ठा के साथ की जाए तो वह अवश्य हमें अभीष्ट लक्ष्य पर पहुँचा देगी और तब सारे दु:ख-कष्टों का अंत हो जाएगा, कर्म का बीज दग्ध हो जाएगा एवं आत्मा चिरकाल के लिए मुक्त हो जाएगी।

□

# अहिंसा

शरीर, मन और वचन द्वारा कभी किसी प्राणी की हिंसा न करना या उन्हें क्लेश न देना, यह अहिंसा कहलाता है। अहिंसा से बढ़कर और कोई धर्म नहीं। मनुष्य के लिए जीव के प्रति यह अहिंसा का भाव रखने से अधिक और कोई उच्चतर सुख नहीं है।

अहिंसा की कसौटी है—ईर्ष्या का अभाव। कोई व्यक्ति भले ही क्षणिक आवेश में आकर अथवा किसी अंधविश्वास से प्रेरित होकर या पुरोहितों के छक्के-पंजे में पड़कर कोई भला काम कर डाले अथवा खासा दान दे डाले, पर मानवजाति का सच्चा प्रेमी वह है, जो किसी के प्रति ईर्ष्या-भाव नहीं रखता। बहुधा देखा जाता है कि संसार में जो बड़े मनुष्य कहे जाते हैं, वे अकसर एक-दूसरे के प्रति केवल थोड़े से नाम, कीर्ति या चाँदी के चंद टुकड़ों के लिए ईर्ष्या करने लगते हैं। जब तक यह ईर्ष्या-भाव मन में रहता है, तब तक अहिंसा-भाव में प्रतिष्ठित होना बहुत दूर की बात है। गाय मांस नहीं खाती और न भेड़ ही, तो क्या वे बहुत बड़े योगी हो गईं, अहिंसक हो गईं? ऐरा-गैरा कोई भी कोई विशेष चीज खाना छोड़ सकता है, पर उससे वह घासाहारी पशुओं की अपेक्षा कोई विशेषता नहीं प्राप्त करता। जो मनुष्य निर्दयता के साथ विधवाओं और अनाथ बालक-बालिकाओं को ठग सकता है और जो थोड़े से धन के लिए जघन्य-से-जघन्य कृत्य करने में भी नहीं हिचकता, वह तो पशु से भी गया-बीता है, फिर चाहे वह घास खाकर ही क्यों न रहता हो। जिसके हृदय में कभी भी किसी के प्रति अनिष्ट विचार तक नहीं आता, जो अपने बड़े-से-बड़े शत्रु की भी उन्नति

पर आनंद मनाता है, वही वास्तव में भक्त है, वही योगी है और वही सबका गुरु है, फिर भले ही वह प्रतिदिन सूकर-मांस ही क्यों न खाता हो। अतएव हमें इस बात का सदैव ध्यान रखना चाहिए कि बाह्य क्रियाएँ आंतरिक शुद्धि के लिए सहायक मात्र हैं। जब बाह्य कर्मों के साधन में छोटी-छोटी बातों का पालन करना संभव न हो तो उस समय केवल अन्य सोच का अवलंबन करना श्रेयस्कर है। पर धिक्कार है उस व्यक्ति को, धिक्कार है उस राष्ट्र को, जो धर्म के सार को तो भूल जाता है और अभ्यासवश बाह्य अनुष्ठानों को ही कसकर पकड़े रहता है तथा उन्हें किसी तरह छोड़ता नहीं।

जो मुक्त होना चाहे, उसे अहिंसक बनना पड़ेगा। जिसमें अहिंसा का भाव है, उससे बढ़कर शक्तिशाली कोई नहीं है। उसकी उपस्थिति में न तो कोई लड़ सकता है और न झगड़ा कर सकता है। हाँ, वह जहाँ कहीं होगा, वहीं उसकी उपस्थिति मात्र से शांति और प्रेम उद्‌भूत होगा, दूसरी किसी वस्तु की आवश्यकता नहीं है। उसकी उपस्थित में न तो कोई क्रुब्ध होगा, न लड़ेगा। उसके सामने पशु, हिंस्त्र पशु तक शांत रहेंगे।

***जो मुक्त होना चाहे, उसे अहिंसक बनना पड़ेगा। जिसमें अहिंसा का भाव है, उससे बढ़कर शक्तिशाली कोई नहीं है। उसकी उपस्थिति में न तो कोई लड़ सकता है और न झगड़ा कर सकता है। हाँ, वह जहाँ कहीं होगा, वहीं उसकी उपस्थिति मात्र से शांति और प्रेम उद्‌भूत होगा, दूसरी किसी वस्तु की आवश्यकता नहीं है। उसकी उपस्थित में न तो कोई क्रुब्ध होगा, न लड़ेगा। उसके सामने पशु, हिंस्त्र पशु तक शांत रहेंगे।***

सब महापुरुषों का उपदेश है कि 'अशुभ का प्रतिरोध न करो' अप्रतिरोध ही सर्वोच्च नैतिक आदर्श है। हम जानते हैं कि यदि हममें कुछ लोग इस सूत्र को पूर्णत: चरितार्थ करने लगें तो समाज का सारा संघटन ही छिन्न-भिन्न हो जाएगा। दुष्ट लोग हमारी जान-माल पर हाथ मारने और मनमानी करने लगेंगे। यदि इस प्रकार का 'अप्रतिरोध-धर्म' एक दिन भी आचरण में लाया जाए तो बड़ी गड़बड़ी मच जाएगी। परंतु फिर भी अपने हृदय के अंतस्तल से हम 'अशुभ का प्रतिरोध न करो' उपदेश की सत्यता अनुभव करते रहते हैं। हमें वह सर्वोच्च

आदर्श प्रतीत होता है; परंतु केवल इसी मत का प्रचार करना अधिकांश मानवता की भर्त्सना करना होगा। इतना ही नहीं, बल्कि इसके द्वारा मनुष्यों को सदा यही अनुभव होने लगेगा कि वे अन्याय ही कर रहे हैं। उनके हृदय में प्रत्येक कार्य के बारे में संकल्प-विकल्प सा होने लगेगा, उनका मन दुर्बल हो जाएगा तथा अन्य किसी दुर्गुण की अपेक्षा यह गलत आत्म-धिक्कार उनमें अधिक दुर्गुणों को उत्पन्न कर देगा।

निष्क्रियता का हर प्रकार से त्याग करना चाहिए। क्रियाशीलता का अर्थ है—'प्रतिरोध'। मानसिक तथा शारीरिक समस्त दोषों का प्रतिरोध करो और जब तुम इस प्रतिरोध में सफल होगे, तभी शांति प्राप्त होगी। यह कहना बड़ा सरल है कि 'किसी से घृणा मत करो, किसी अशुभ का प्रतिरोध मत करो', परंतु हम जानते हैं कि इसे कार्यरूप में परिणत करना क्या है। जब सारे समाज की आँखें हमारी ओर लगी हों तो हम अप्रतिरोध का प्रदर्शन भले ही करें, परंतु हमारे हृदय में वह सदैव कुरेदती रहती हैं।

*निष्क्रियता का हर प्रकार से त्याग करना चाहिए। क्रियाशीलता का अर्थ है—'प्रतिरोध'। मानसिक तथा शारीरिक समस्त दोषों का प्रतिरोध करो और जब तुम इस प्रतिरोध में सफल होगे, तभी शांति प्राप्त होगी। यह कहना बड़ा सरल है कि 'किसी से घृणा मत करो, किसी अशुभ का प्रतिरोध मत करो', परंतु हम जानते हैं कि इसे कार्यरूप में परिणत करना क्या है।*

गृहस्थ को अपने शत्रु के सामने शूर होना चाहिए और गुरु व बंधुजन के समक्ष नम्र। शत्रु के सम्मुख शूरता प्रकट करके उसे उस पर शासन करना चाहिए। यह गृहस्थ का आवश्यक कर्तव्य है। गृहस्थ को घर के कोने में बैठकर रोना और 'अहिंसा परमो धर्मः' कहकर खाली बकवास न करनी चाहिए। यदि वह शत्रु के सम्मुख वीरता नहीं दिखाता है तो वह अपने कर्तव्य की अवहेलना करता है।

इस महान् सत्य को हम सबको अवगत कर लेना चाहिए कि सभी विषयों में दोनों चरम अवस्थाएँ एक सदृश होती हैं। चरम 'अस्ति' और चरम 'नास्ति',

दोनों सदैव एक समान होते हैं। उदाहरणार्थ, प्रकाश का स्पंदन यदि अत्यंत मंद होता है तो हम उसे नहीं देख सकते। और इसी प्रकार जब वह अत्यंत तीव्र होता है, तब भी हम उसे देखने में असमर्थ होते हैं। 'ध्वनि के संबंध में भी ठीक ऐसा ही है। न तो उसके तार-स्वर के बहुत निम्न होने पर हम उसे सुन सकते हैं और न उसके बहुत उच्च होने पर। इसी प्रकार का भेद 'प्रतिरोध' तथा 'अप्रतिरोध' में है। एक मनुष्य इसलिए प्रतिरोध नहीं करता कि वह कमजोर है, सुस्त है, असमर्थ है। दूसरी ओर, एक दूसरा मनुष्य है, जो जानता है कि यदि वह चाहे तो जबर्दस्त प्रतिरोध कर सकता है, परंतु फिर भी वह केवल अप्रतिरोध ही नहीं करता, वरन् अपने शत्रुओं के प्रति शुभ कामनाएँ भी प्रकट करता है। अतः वह मनुष्य, जो दुर्बलता के कारण प्रतिरोध नहीं करता, पापग्रस्त होता है, इसलिए अप्रतिरोध से कोई लाभ नहीं उठा सकता। परंतु दूसरा मनुष्य यदि प्रतिरोध करे तो वह भी पाप का भागी होता है।

□

# संन्यासी जीवन

मनुष्य जिस स्थिति में पैदा हुआ है, उसके कर्तव्य जब वह पूरे कर लेता है, जब उसकी आकांक्षाएँ सांसारिक सुख-भोग, धन-संपत्ति, नाम-यश, अधिकार आदि को ठुकराकर उसे आध्यात्मिक जीवन की खोज में प्रेरित करती हैं और जब संसार के स्वभाव में पैनी दृष्टि डालकर वह समझ जाता है कि वह जगत् क्षणभंगुर है, दुःख तथा झगड़ों से भरा हुआ है और इसके आनंद तथा भोग तुच्छ हैं, तब वह इन सबसे मुख मोड़कर शाश्वत प्रेम एवं चिरंतन आश्रयस्वरूप उस सत्य को ढूँढ़ने लगता है। वह समस्त सांसारिक अधिकारों, यश, संपदा से पूर्ण संन्यास ले लेता है और आत्मोत्सर्ग करके आध्यात्मिकता को निरंतर ढूँढ़ता हुआ प्रेम, दया, तप और शाश्वत ज्ञान प्राप्त करने की चेष्टा करता रहता है। वर्षों के ध्यान, तप और खोज के ज्ञानरूपी रत्न को पाकर वह भी पर्याय-क्रम से स्वयं गुरु बन जाता है और फिर शिष्यों-गृही तथा त्यागियों में उस ज्ञान का संचार कर देता है।

संन्यासी का कोई मत या संप्रदाय नहीं हो सकता, क्योंकि उसका जीवन स्वतंत्र विचार का होता है और वह सभी मत-मतांतरों से उनकी अच्छाइयाँ ग्रहण करता है। उसका जीवन साक्षात्कार का होता है, न कि केवल सिद्धांतों अथवा विश्वासों का और रूढ़ियों का तो बिल्कुल ही नहीं।

**"आत्मनो मोक्षार्थ जगद्धिताय च"**, यही संन्यास का यथार्थ उद्देश्य है। वेद-वेदांत इस बात की घोषणा कर रहे हैं कि संन्यास ग्रहण न करने से कोई कभी ब्रह्मज्ञ नहीं हो सकता। जो कहते हैं कि इस संसार का भोग करना है,

साथ ही ब्रह्मज्ञ भी बनना है तो उनकी बात कभी न मानो। प्रच्छन्न भोगियों के ऐसे भ्रमात्मक वाक्य होते हैं।

बिना त्याग के मुक्ति नहीं। बिना त्याग के पराभक्ति नहीं। जो गृहस्थाश्रम में बँधे रहते हैं, वे स्वयं यह सिद्ध करते हैं कि वे किसी-न-किसी प्रकार की कामना के दास बनकर ही संसार में फँसे हुए हैं। यदि ऐसा न होगा तो फिर संसार में रहेंगे ही क्यों? कोई कामिनी के दास हैं, कोई अर्थ के, कोई मान, यश, विद्या अथवा पांडित्य के। इस दासत्व को छोड़कर बाहर निकलने से ही वे मुक्ति के पथ पर चल सकते हैं। लोग कितना ही क्यों न कहें, पर मैं भलीभाँति समझ गया हूँ कि जब तक मनुष्य इन सबको त्यागकर संन्यास ग्रहण नहीं करता, तब तक किसी भी प्रकार उसके लिए ब्रह्मज्ञान असंभव है।

***बिना त्याग के मुक्ति नहीं। बिना त्याग के पराभक्ति नहीं। जो गृहस्थाश्रम में बँधे रहते हैं, वे स्वयं यह सिद्ध करते हैं कि वे किसी-न-किसी प्रकार की कामना के दास बनकर ही संसार में फँसे हुए हैं। यदि ऐसा न होगा तो फिर संसार में रहेंगे ही क्यों? कोई कामिनी के दास हैं, कोई अर्थ के, कोई मान, यश, विद्या अथवा पांडित्य के।***

'बहुजनहिताय बहुजनसुखाय' ही संन्यासियों का जन्म होता है। संन्यास ग्रहण करके जो इस ऊँचे लक्ष्य से भ्रष्ट हो जाता है, उसका तो जीवन ही व्यर्थ है, "**वृथैव तस्य जीवनम्**"। जगत् में संन्यासी क्यों जन्म लेते हैं? औरों के निमित्त अपना जीवन उत्सर्ग करने, जीव के आकाशभेदी क्रंदन को दूर करने, विधवा के आँसू पोंछने, पुत्र-वियोग से पीड़ित अबलाओं की मन की शांति देने, सर्वसाधारण को जीवन-संग्राम में समर्थ करने, शास्त्र के उपदेशों को फैलाकर सबका ऐहिक और पारमार्थिक मंगल करने तथा ज्ञानालोक से सबके भीतर जो ब्रह्मसिंह सुप्त है, उसे जाग्रत् करने।

उठो, जागो, स्वयं जागकर औरों को जगाओ। अपने नर-जन्म को सफल करो, "**उत्तिष्ठत जाग्रत् प्राप्य वरान्निबोधत**" (उठो, जागो और तब तक रुको नहीं, जब तक लक्ष्य प्राप्त न हो जाए)।

मनुष्य-जन्म प्राप्त करके मुक्ति की इच्छा प्रबल होने तथा महापुरुष की कृपा प्राप्त होने पर ही मनुष्य की आत्मज्ञान की आकांक्षा बलवती होती है; नहीं तो काम-कांचन में लिप्त व्यक्तियों के मन की उधर प्रवृत्ति ही नहीं होती। जिसके मन में स्त्री, पुत्र, धन, मान प्राप्त करने का संकल्प है, उनके मन में ब्रह्म को जानने की इच्छा कैसे हो? जो सर्वस्व त्यागने को तैयार है, जो सुख-दुःख, भले-बुरे के चंचल प्रवाह में धीर-स्थिर, शांत तथा दृढचित्त रहता है, वही आत्मज्ञान प्राप्त करने के लिए सचेष्ट होता है। वही जगदरूपी जाल को तोड़कर माया की सीमा को लाँघकर सिंह की तरह बाहर निकल जाता है।

अंतर्बाह्य दोनों प्रकार से संन्यास का अवलंबन करना चाहिए। वैराग्य न आने पर, त्याग न होने पर, भोग-स्पृहा का त्याग न होने पर क्या कुछ होना संभव है? वह बच्चे के हाथ का लड्डू तो है नहीं, जिसे भुलावा देकर, छीनकर खा सकते हो। प्रत्येक ज्ञात धर्म में संन्यासी होते रहे हैं, और हैं। हिंदू संन्यासी हैं, बौद्ध संन्यासी हैं, ईसाई पादरी हैं और इसलाम को भी अपनी इस प्रथा की कठोर अस्वीकृति छोड़नी पड़ी और भिक्षु, फकीरों या संन्यासियों की एक संपूर्ण शृंखला स्वीकार करनी पड़ी।

***अंतर्बाह्य दोनों प्रकार से संन्यास का अवलंबन करना चाहिए। वैराग्य न आने पर, त्याग न होने पर, भोग-स्पृहा का त्याग न होने पर क्या कुछ होना संभव है? वह बच्चे के हाथ का लड्डू तो है नहीं, जिसे भुलावा देकर, छीनकर खा सकते हो। प्रत्येक ज्ञात धर्म में संन्यासी होते रहे हैं, और हैं। हिंदू संन्यासी हैं, बौद्ध संन्यासी हैं, ईसाई पादरी हैं और इसलाम को भी अपनी इस प्रथा की कठोर अस्वीकृति छोड़नी पड़ी और भिक्षु, फकीरों या संन्यासियों की एक संपूर्ण शृंखला स्वीकार करनी पड़ी।***

किंतु तब इस एकांत महत्त्व की, समस्त सहायता का तिरस्कार करने की, जीवन की आँधियों का सामना करने और बिना किसी प्रकार के प्रतिफल या कर्तव्य-पूर्ति की भावना के कर्म करने की अद्भुत अनुभूति का क्या होगा? सारे जीवन आनंदपूर्वक मुक्त रहकर कर्म करने की अनुभूति, क्योंकि दासों की भाँति

मिथ्या मानव-प्रेम अथवा महत्त्वाकांक्षा के अंकुशों से कर्म करने की यह प्रेरणा नहीं है। इसे तो केवल संन्यासी ही प्राप्त कर सकता है। धर्म का क्या होगा? वह रहेगा या उसे समाप्त होना है? यदि उसे रहना है तो उसे अपने विशेषज्ञों, अपने सैनिकों की आवश्यकता है। संन्यासी धार्मिक विशेषज्ञ है, क्योंकि उसने धर्म को ही जीवन का एकमात्र उद्‌देश्य बना लिया है। वह भगवान् का सैनिक है। कोई भी धर्म तब तक नहीं मर सकता है, जब तक उसमें श्रद्धालु संन्यासियों का समुदाय बना रहता है?

संन्यास की उत्पत्ति कहीं से क्यों न हो, इस त्याग-व्रत के आश्रम से ब्रह्मज्ञ होना ही मनुष्य जीवन का उद्‌देश्य है। इस संन्यास ग्रहण में ही परम पुरुषार्थ है। वैराग्य उत्पन्न होने पर जिनका संसार से अनुराग हट गया है, वे ही धन्य हैं। यदि आत्मा के जीवन में मुझे आनंद नहीं मिलता तो क्या मैं इंद्रियों के जीवन में आनंद पाऊँगा? यदि मुझे अमृत नहीं मिलता तो क्या मैं गड्ढे के पानी से प्यास बुझाऊँ?

*संन्यास की उत्पत्ति कहीं से क्यों न हो, इस त्याग-व्रत के आश्रम से ब्रह्मज्ञ होना ही मनुष्य जीवन का उद्‌देश्य है। इस संन्यास ग्रहण में ही परम पुरुषार्थ है। वैराग्य उत्पन्न होने पर जिनका संसार से अनुराग हट गया है, वे ही धन्य हैं। यदि आत्मा के जीवन में मुझे आनंद नहीं मिलता तो क्या मैं इंद्रियों के जीवन में आनंद पाऊँगा?*

किसी को राजनीतिक और सामाजिक स्वतंत्रता चाहे मिल जाए, पर यदि वह वासनाओं और इच्छाओं का दास है तो सच्ची स्वतंत्रता का शुद्ध आनंद वह नहीं जान सकता। यदि कोई मनुष्य जगत् की निस्सार वस्तुओं का त्याग कर देता है तो लोग उसे पागल कहते हैं। परंतु ऐसे ही पुरुष पृथ्वी की संजीवनी होते हैं। ऐसे ही पागलपन से वे शक्तियाँ उत्पन्न हुई हैं, जिन्होंने इस संसार को हिला दिया है और ऐसे ही पागलपन से भविष्य में ऐसी शक्तियों का जन्म होगा, जो हमारे संसार में उथल-पुथल मचा देंगी।

सच्चे संन्यासी ही गृहस्थी के उपदेश हैं। उन्हीं से उपदेश और ज्ञानालोक प्राप्त कर प्राचीन काल में गृहस्थ लोग जीवन-संग्राम में सफल हुए थे।

संन्यासियों को अनमोल उपदेश के बदले गृहस्थ अन्न-वस्त्र देते रहे हैं। यदि ऐसा आदान-प्रदान न होता तो इतने दिनों में भारतवासियों का भी अमेरिका के आदिवासियों के समान लोप हो जाता। संन्यासियों को मुट्ठी भर अन्न देने के कारण ही गृहस्थ लोग अभी तक उन्नति के मार्ग पर चले जा रहे हैं। संन्यासी लोग कर्महीन नहीं हैं, वरन् वे ही कर्म के स्रोत हैं। उनके जीवन या कार्यों में ऊँचे आदर्शों को परिणत होते देख और उनसे उच्च भावों को ग्रहण कर गृहस्थ लोग इस संसार के जीवन-संग्राम में समर्थ हुए तथा हो रहे हैं। पवित्र संन्यासियों को देखकर गृहस्थ भी उन पवित्र भावों को अपने जीवन में परिणत करते हैं और ठीक-ठाक कर्म करने को तत्पर होते हैं। संन्यासी अपने जीवन में ईश्वर तथा जगत् के कल्याण के निमित्त सर्वत्याग रूप तत्त्व को प्रतिफलित करके गृहस्थों को सब विषयों में उत्साहित करते हैं और इसके बदले वे उनसे मुट्ठी भर अन्न लेते हैं। फिर उसी अन्न को उपजाने की प्रवृत्ति और शक्ति भी देश के लोगों में सर्वत्यागी संन्यासियों के स्नेहाशीर्वाद से ही बढ़ रही है। बिना विचारे ही लोग संन्यास-प्रथा की निंदा करते हैं। अन्य देशों में, चाहे जो कुछ क्यों न हो, पर यहाँ तो संन्यासियों के पतवार पकड़े रहने के कारण ही संसार-सागर में गृहस्थों की नौका नहीं डूबने पाती।

*किसी भी उद्देश्य की सिद्धि के लिए हमें कुछ साधनों का आश्रय लेना होता है। स्थान, काल, व्यक्ति, इत्यादि के भेद से ये सब साधन बदलते रहते हैं, परंतु उद्देश्य या साध्य कभी बदलता नहीं। संन्यासियों का लक्ष्य है, "आत्मनो मोक्षार्थ जगद्धिताय च", अपनी मुक्ति एवं जगत् का कल्याण और इन उद्देश्य-सिद्धि के साधनों में काम-कांचन-त्याग सर्वाधिक महत्त्वपूर्ण तथा प्रयोजननीय है।*

किसी भी उद्देश्य की सिद्धि के लिए हमें कुछ साधनों का आश्रय लेना होता है। स्थान, काल, व्यक्ति, इत्यादि के भेद से ये सब साधन बदलते रहते हैं, परंतु उद्देश्य या साध्य कभी बदलता नहीं। संन्यासियों का लक्ष्य है, "**आत्मनो मोक्षार्थ जगद्धिताय च**", अपनी मुक्ति एवं जगत् का कल्याण और इन उद्देश्य-सिद्धि के साधनों में काम-कांचन-त्याग सर्वाधिक महत्त्वपूर्ण

तथा प्रयोजननीय है। ध्यान रखो, त्याग का अर्थ है—स्वार्थ का संपूर्ण अभाव। बाह्य रूप से संपर्क न रखने से ही त्याग नहीं हो जाता। जैसे हम अपना धन दूसरे के पास रखें और स्वयं उसे छुएँ तो नहीं, पर उससे लाभ पूरा उठाएँ, क्या वह त्याग कहा जा सकता है? उपर्युक्त द्विविध उद्देश्यों की सिद्धि के हेतु 'भिक्षावृत्ति' संन्यासी के लिए बहुत ही उपयोगी है, पर वह तभी संभव है, जब गृहस्थ लोग मनु और अन्य शास्त्रकारों के वचनानुसार प्रतिदिन अपने खाद्य पदार्थों का एक भाग संन्यासी अतिथियों के लिए रख छोड़ें। आजकल समय बहुत बदल गया है, जैसे कि 'मधुकरी' की प्रथा, विशेषतः बंगाल में पाई ही नहीं जाती। यहाँ (बंगाल में) मधुकरी द्वारा निर्वाह की चेष्टा करना शक्ति का अपव्यय मात्र होगा और उससे कोई लाभ न होगा। भिक्षा का नियम ऊपर कहे दोनों उद्देश्यों की सिद्धि का साधन मात्र है, पर अब उससे काम नहीं चल सकता। अतएव आधुनिक परिस्थितियों में यदि संन्यासी जीवन की छोटी-मोटी आवश्यकताओं के लिए कुछ प्रबंध कर ले और निश्चिंत होकर अपनी समस्त शक्ति, अपने ध्येय की प्राप्ति के लिए लगाए तो वह संन्यास के नियमों के विरुद्ध न होगा। साधनों को ही बहुत अधिक महत्त्व देने से गड़बड़ी उत्पन्न हो जाती है। असल वस्तु तो साध्य है, लक्ष्य है। इसे कभी भी ओझल नहीं होने देना चाहिए।

*आजकल समय बहुत बदल गया है, जैसे कि 'मधुकरी' की प्रथा, विशेषतः बंगाल में पाई ही नहीं जाती। यहाँ (बंगाल में) मधुकरी द्वारा निर्वाह की चेष्टा करना शक्ति का अपव्यय मात्र होगा और उससे कोई लाभ न होगा। भिक्षा का नियम ऊपर कहे दोनों उद्देश्यों की सिद्धि का साधन मात्र है, पर अब उससे काम नहीं चल सकता।*

इस अमेरिका देश में वर्ष में केवल छह मास प्रत्येक रविवार को केवल दो घंटे ही धर्मोपदेश देने के लिए पादरी लोग 30000 रुपए, 50000 रुपए और कभी-कभी तो 90000 रुपए तक वार्षिक वेतन पाते हैं। देखो, अमेरिकन लोग अपने धर्म की रक्षा के लिए किस तरह करोड़ों रुपए बहा देते हैं और बंगदेशीय नवयुवकों को यह शिक्षा दी गई है कि ये देवतुल्य परम निस्स्वार्थ कमलीवाले

बाबा सरीखे संत आलसी और आवारा लोग हैं, "**मदभक्तानां ये भक्तास्ते मे भक्ततमा मताः**", अर्थात् जो मेरे भक्तों के भक्त हैं, उन्हें मैं अपना सबसे श्रेष्ठ भक्त मानता हूँ।

अच्छा, अब एक दूसरे सिरे का उदाहरण लो। मान लो, एक अत्यंत अज्ञानी वैरागी है। वह भी किसी गाँव में पहुँचेगा तो तुलसीकृत 'रामायण', 'चैतन्य चरितामृत' और यदि दाक्षिणात्य हुआ तो दक्षिण के अलवार ग्रंथों में से जो कुछ भी वह जानता होगा, उसे ग्रामवासियों को सिखाने का भरसक प्रयत्न करेगा। क्या ऐसा करने से कोई उपकार नहीं होता? और यह सब केवल रोटी के टुकड़े और लँगोटी के कपड़े के बदले में हो जाता है। इन लोगों की निर्दयतापूर्ण आलोचना करने से पूर्व, मेरे भाइयो! यह तो सोचो कि तुमने अपने गरीब देश भाइयों के लिए क्या किया है, जिसके खर्च से तुमने अपनी शिक्षा पाई, जिनका शोषण करके तुम अपने पदगौरव को कायम रखते हो और 'बाबाजी लोग केवल आवारा फिरनेवाले लोग होते हैं', यह सिखाने के लिए अपने शिक्षकों को वेतन देते हो!

*अच्छा, अब एक दूसरे सिरे का उदाहरण लो। मान लो, एक अत्यंत अज्ञानी वैरागी है। वह भी किसी गाँव में पहुँचेगा तो तुलसीकृत 'रामायण', 'चैतन्य चरितामृत' और यदि दाक्षिणात्य हुआ तो दक्षिण के अलवार ग्रंथों में से जो कुछ भी वह जानता होगा, उसे ग्रामवासियों को सिखाने का भरसक प्रयत्न करेगा। क्या ऐसा करने से कोई उपकार नहीं होता? और यह सब केवल रोटी के टुकड़े और लँगोटी के कपड़े के बदले में हो जाता है।*

संन्यासी का धनी लोगों से कोई वास्ता नहीं। उसका कर्तव्य तो गरीबों के प्रति होता है। उसे निर्धनों के साथ प्रेमपूर्ण व्यवहार करना चाहिए और अपनी समस्त शक्ति लगाकर सहर्ष उनकी सेवा करनी चाहिए। धनिकों का आदर-सत्कार करना और आश्रय के लिए उनका मुँह जोहना यह हमारे देश के सभी संन्यासी संप्रदायों के लिए अभिशापस्वरूप रहा है। सच्चे संन्यासी को इस बात से बड़ा सावधान रहना चाहिए और इससे बिल्कुल बचकर रहना चाहिए। इस

प्रकार का व्यवहार तो वेश्याओं के लिए ही उचित है, न कि संसार-त्यागी संन्यासी के लिए।

एक संन्यासी जब तक कि सर्वोच्च पद पर न पहुँच जाए, अर्थात् परमहंस न हो जाए, तब तक उसे गृहस्थों द्वारा छुए या उपयोग में लाए भोजन, बिछावन आदि से बचना चाहिए, उनके प्रति घृणा की भावना से नहीं, वरन् अपने को बचाने के लिए। संन्यासी की सच्ची कसौटी है 'संसार में रहना, किंतु संसार का न होना'।

□

# हिंदू धर्म

हिंदू धर्म मानवात्मा के लिए एक, केवल एक कर्तव्य बताता है। वह नश्वरता के बीच अविनश्वर को पाने की खोज है। कोई भी मनुष्य ऐसा एक मार्ग बताने का साहस नहीं करता, जिसके द्वारा वह प्राप्त किया जा सकता है। विवाह अथवा अविवाह, भलाई अथवा बुराई, विद्वत्ता अथवा अज्ञान, इनमें से कोई भी उचित है, यदि वह हमें ध्येय की ओर से जाता है। इस तरह इस बात में और बुद्धमत में बड़ा अंतर है, क्योंकि बुद्धमत का प्रमुख निर्देश यह है कि बाह्य के अस्थायित्व का अनुभव प्राप्त किया जाए, साधारणत: जो केवल एक तरह से किया जा सकता है। क्या आपको महाभारत में उस युवक योगी की कहानी याद है, जो अपनी मनोशक्ति पर इसलिए गर्व करता था कि उसने एक कौवे और एक सारस के शरीर को अपनी तीव्र इच्छा के अनुसार क्रोध से उत्पन्न हुई अग्नि से जला दिया था? क्या आपको याद है कि वह युवक योगी नगर में जाता है और पहले एक पत्नी को अपनी रोगी पति की सेवा करते हुए पाता है और फिर कसाई धर्म-व्याध को देखता है, जिन दोनों ने सामान्य सच्चाई और कर्तव्य के मार्ग से ज्ञान प्राप्त किया है।

वेदांत दर्शन की अत्युच्च आध्यात्मिक उड़ानों से लेकर आधुनिक विज्ञान के नवीनतम आविष्कार, जिसकी केवल प्रतिध्वनि मात्र प्रतीत होते हैं, मूर्तिपूजा के निम्न स्तरीय विचारों एवं तदानुषंगिक अनेकानेक पौराणिक दंतकथाओं तक और बौद्धों के अज्ञेयवाद तथा जैनों के निरीश्वरवाद, इनमें से प्रत्येक के लिए हिंदू धर्म में स्थान है।

हिंदुओं की दृष्टि से समस्त धर्म-जगत् भिन्न-भिन्न रुचिवाले स्त्री-पुरुषों की विभिन्न अवस्थाओं एवं परिस्थितियों में से होते हुए एक की लक्ष्य की ओर यात्रा है, प्रगति है। प्रत्येक धर्म जड़भावोत्पन्न मानव से एक ईश्वर का उद्‌भव कर रहा है और वही ईश्वर उन सबका प्रेरक है। तो फिर इतने परस्पर विरोध क्यों हैं? हिंदुओं का कहना है कि ये विरोध केवल आभासी हैं। उनकी उत्पत्ति सत्य द्वारा भिन्न अवस्थाओं और प्रकृतियों के अनुरूप अपना समायोजन करते समय होती है।

हिंदू की दृष्टि में मनुष्य भ्रम से सत्य की ओर नहीं जा रहा है, वह तो सत्य से सत्य की ओर, निम्न श्रेणी के सत्य से उच्च श्रेणी के सत्य की ओर अग्रसर हो रहा है। हिंदू के मतानुसार—निम्नतम जड़ पूजावाद से लेकर सर्वोच्च ब्रह्मवाद तक जितने धर्म हैं, वे सभी अपने-अपने जन्म तथा साहचर्य की अवस्था द्वारा निर्धारित होकर उस असीम के ज्ञान तथा उपलब्धि के निमित्त मानवात्मा के विविध प्रयत्न हैं और यह प्रत्येक प्रयत्न उन्नति की एक अवस्था को सूचित करता है। 'प्रत्येक जीव उस युवा गरुड़ पक्षी के समान है, जो धीरे-धीरे ऊँचा उड़ता हुआ तथा अधिकाधिक शक्ति-संपादन करता हुआ अंत में उस भास्वर सूर्य तक पहुँच जाता है।'

*हिंदुओं की दृष्टि से समस्त धर्म-जगत् भिन्न-भिन्न रुचिवाले स्त्री-पुरुषों की विभिन्न अवस्थाओं एवं परिस्थितियों में से होते हुए एक की लक्ष्य की ओर यात्रा है, प्रगति है। प्रत्येक धर्म जड़भावोत्पन्न मानव से एक ईश्वर का उद्‌भव कर रहा है और वही ईश्वर उन सबका प्रेरक है।*

हमारे धर्म के संप्रदायों में अनेक विभिन्नताएँ एवं अंतर्विरोध होते हुए भी एकता के अनेक क्षेत्र हैं। प्रथम, सभी संप्रदाय तीन चीजों का अस्तित्व स्वीकार करते हैं—ईश्वर, आत्मा और जगत्। ईश्वर वह है, जो अनंत काल से संपूर्ण जगत् का सर्जन, पालन और संहार करता आ रहा है। 'सांख्य दर्शन' के अतिरिक्त सभी इस सिद्धांत पर विश्वास करते हैं। इसके बाद आत्मा का सिद्धांत और पुनर्जन्म की बात आती है। इसके अनुसार असंख्य जीवात्माएँ बार-बार

अपने कर्मों के अनुसार शरीर धारण कर जन्म-मृत्यु के चक्र में घूमती रहती हैं। इसी को संसारवाद का प्रचलित रूप से 'पुनर्जन्मवाद' कहते हैं। इसके बाद यह अनादि-अनंत जगत् है। यद्यपि कुछ लोग इन तीनों को भिन्न-भिन्न मानते हैं तथा कुछ इन्हें एक ही के भिन्न-भिन्न तीन रूप और कुछ अन्य प्रकारों से इनका अस्तित्व स्वीकार करते हैं। पर इन तीनों का अस्तित्व ये सभी मानते हैं।

तुम लोग आजकल सदा यह निंदा सुन रहे हो कि हिंदुओं का धर्म, दूसरों के धर्म को जीत लेने में सचेष्ट नहीं; और मैं बड़े दुःख से कहता हूँ कि यह बात ऐसे-ऐसे व्यक्तियों के मुँह की होती है, जिनसे हम अधिकतर ज्ञान की अपेक्षा करते हैं। मुझे यह जान पड़ता है कि हमारा धर्म दूसरे धर्मों की अपेक्षा सत्य के अधिक निकट है। इस तथ्य के समर्थन की प्रधान युक्ति यही है कि हमारे धर्म ने कभी दूसरे धर्मों पर विजय प्राप्त नहीं की, उसने कभी खून की नदियाँ नहीं बहाईं, उसने सदा आशीर्वाद और शांति के शब्द कहे, सबको उसने प्रेम और सहानुभूमि की कथा सुनाई। यहीं, केवल यहीं, दूसरे धर्म से द्वेष न रखने के भाव सबसे पहले प्रचारित हुए, केवल यहीं परधर्म-सहिष्णुता तथा सहानुभूमि के ये भाव कार्यरूप में परिणत हुए। अन्य देशों में यह केवल सिद्धांत-चर्चा मात्र है। यहीं, केवल यहीं, यह देखने में आता है कि हिंदू मुसलमानों के लिए मसजिदें और ईसाइयों के लिए गिरजे बनवाते हैं।

*तुम लोग आजकल सदा यह निंदा सुन रहे हो कि हिंदुओं का धर्म, दूसरों के धर्म को जीत लेने में सचेष्ट नहीं; और मैं बड़े दुःख से कहता हूँ कि यह बात ऐसे-ऐसे व्यक्तियों के मुँह की होती है, जिनसे हम अधिकतर ज्ञान की अपेक्षा करते हैं। मुझे यह जान पड़ता है कि हमारा धर्म दूसरे धर्मों की अपेक्षा सत्य के अधिक निकट है।*

हिंदू धर्म के प्रधान तत्त्वों का आधार है—मनन एवं चिंतनयुक्त दर्शनशास्त्र तथा भिन्न-भिन्न वेदों में प्रतिपादित नैतिक उपदेश। इन वेदों का कथन है कि यह विश्व देश और काल की दृष्टि से अनंत और सनातन है। वह न तो कभी प्रारंभ हुआ, न कभी समाप्त होगा। वह चित्त-शक्ति इस जड़-जगत् में विभिन्न अगणित प्रकारों से प्रकाशित हुई है, इस संत के राज्य में उस अनंत की शक्ति नाना रूपों

में व्यक्त हुई है, परंतु फिर भी वह अनंत चित्-सत्ता स्वरूपतः स्वयंभू, सनातन एवं अपरिणामी है। काल की गति का शाश्वत सत्ता पर कोई असर नहीं होता। मानव-बुद्धि के लिए सर्वथा अगम्य, जो अतींद्रिय भूमि है, वहाँ न तो भूत है और न भविष्य। वेदों का कथन है कि मानव की आत्मा अमर है। शरीर वृद्धि और क्षय के नियमों से बद्ध है; जिसकी वृद्धि है, उसका क्षय भी अवश्यमेव होगा। परंतु देह मध्यस्थ आत्मा तो असीम एवं सनातन है; वह अनादि और अनंत है।

हमारे मतानुसार—मन की समस्त शक्तियों को एकमुखी करना ही ज्ञानलाभ का एकमात्र उपाय है। बहिर्विज्ञान में बाह्य विषयों पर मन को एकाग्र करना होता है और अंतर्विज्ञान में मन की गति को आत्माभिमुखी करना पड़ता है। मन की इस एकाग्रता को ही हम योग कहते हैं। योगी कहते हैं कि इस एकाग्रता शक्ति का फल अत्यंत महान् है। उनका कहना है कि मन की एकाग्रता के बल से संसार के सारे सत्य बाह्य और अंतर दोनों जगत् के सत्य प्रत्यक्ष हो जाते हैं।

*योगी दावा करते हैं कि मनुष्य-देह में जितनी शक्तियाँ हैं, उनमें ओज सबसे उत्कृष्ट कोटि की शक्ति है। यह ओज मस्तिष्क में संचित रहता है। जिसके मस्तक में ओज जितने अधिक परिमाण में रहता है, वह उतना ही अधिक बुद्धिमान और आध्यात्मिक बल से बली होता है।*

योगी दावा करते हैं कि मनुष्य-देह में जितनी शक्तियाँ हैं, उनमें ओज सबसे उत्कृष्ट कोटि की शक्ति है। यह ओज मस्तिष्क में संचित रहता है। जिसके मस्तक में ओज जितने अधिक परिमाण में रहता है, वह उतना ही अधिक बुद्धिमान और आध्यात्मिक बल से बली होता है। एक व्यक्ति बड़ी सुंदर भाषा में सुंदर भाव व्यक्त करता है, परंतु लोग आकृष्ट नहीं होते। दूसरा व्यक्ति न सुंदर भाषा बोल सकता है, न सुंदर ढंग से भाव व्यक्त कर सकता है, परंतु फिर भी लोग उसकी बात से मुग्ध हो जाते हैं। वह जो कुछ कार्य करता है, उसी में महाशक्ति का विकास देखा जाता है। ऐसी है ओज की शक्ति!

शरीर में जितनी शक्तियाँ क्रियाशील हैं, उनका उच्चतम विकास यह ओज है। यह हमें सदा याद रखना चाहिए कि सवाल केवल रूपांतरण का है, एक ही

शक्ति दूसरी शक्ति में परिणत हो जाती है। बाहरी संसार में जो शक्ति विद्युत् अथवा चुंबकीय शक्ति के रूप में प्रकाशित हो रही है, वही क्रमशः आभ्यंतरिक शक्ति में परिणत हो जाएगी। आज जो शक्तियाँ पेशियों में कार्य कर रही हैं, वे ही कल ओज के रूप में परिणत हो जाएँगी। योगी कहते हैं कि मनुष्य में जो शक्ति काम-क्रिया, काम-चिंतन आदि रूपों में प्रकाशित हो रही है, उसका दमन करने पर वह सहज ही ओज में परिणत हो जाती है। और हमारे शरीर का सबसे नीचेवाला केंद्र ही इस शक्ति का नियामक होने के कारण योगी इसकी ओर विशेष रूप से ध्यान देते हैं। वे सारी काम-शक्ति को ओज में परिणत करने का प्रयत्न करते हैं। कामजयी स्त्री-पुरुष ही इस ओज को मस्तिष्क में संचित कर सकते हैं। इसीलिए ब्रह्मचर्य ही सदैव सर्वश्रेष्ठ धर्म माना गया है। मनुष्य यह अनुभव करता है कि अगर वह कामुक हो तो उसका सारा धर्मभाव चला जाता है, चरित्र-बल और मानसिक तेज नष्ट हो जाता है। इसी कारण देखोगे कि संसार में जिन-जिन संप्रदायों में बड़े-बड़े धर्मवीर पैदा हुए हैं, उन सभी संप्रदायों ने ब्रह्मचर्य पर विशेष जोर दिया है। इसीलिए विवाह-त्यागी 'संन्यासी दल' की उत्पत्ति हुई है। इस ब्रह्मचर्य का पूर्ण रूप है, तन-मन-वचन से पालन करना नितांत आवश्यक है। ब्रह्मचर्य के बिना राजयोग की साधना बड़े खतरे की है; क्योंकि उससे अंत में मस्तिष्क का विषय विकास पैदा हो सकता है।

*मनुष्य को पूर्ण विकसित बनाना, यही इस शास्त्र का उपयोग है। युगानुयुग प्रतीक्षा करने की आवश्यकता नहीं। जैसे काठ का एक टुकड़ा केवल खिलौना बन समुद्र की लहरों द्वारा इधर-उधर फेंका जाता रहता है, उसी प्रकार हमें भी प्रकृति के जड़-नियमों के हाथों खिलौना बनने की आवश्यकता नहीं है।*

मनुष्य को पूर्ण विकसित बनाना, यही इस शास्त्र का उपयोग है। युगानुयुग प्रतीक्षा करने की आवश्यकता नहीं। जैसे काठ का एक टुकड़ा केवल खिलौना बन समुद्र की लहरों द्वारा इधर-उधर फेंका जाता रहता है, उसी प्रकार हमें भी प्रकृति के जड़-नियमों के हाथों खिलौना बनने की आवश्यकता नहीं है। यह विज्ञान चाहता है कि तुम शक्तिशाली बनो, कार्य को अपने ही हाथ में लो, प्रकृति

के भरोसे मत छोड़ो और इस छोटे से जीवन के उस पार हो जाओ। यही वह उदात्त ध्येय है।

इन सारी योग-प्रणालियों में जो कुछ गुह्य या रहस्यात्मक है, सब छोड़ देना पड़ेगा। जिससे बल मिलता है, उसी का अनुसरण करना चाहिए। अन्यान्य विषयों में जैसा है, धर्म में भी ठीक वैसा ही है। जो तुमको दुर्बल बनाता है, वह समूल त्याज्य है। रहस्य-स्पृहा मानव-मस्तिष्क को दुर्बल कर देती है। इसके कारण ही आज योगशास्त्र नष्ट सा हो गया है।

वही योगी है, जो अपने को संपूर्ण विश्व में और संपूर्ण विश्व को अपने में देखता है। यह बच्चों का खिलवाड़ नहीं और न कोई सनक है कि उसमें पड़कर एक दिन अभ्यास किया जाए और दूसरे दिन त्याग दिया जाए। यह जीवन भर का काम है और लक्ष्य की सिद्धि में जो भी मूल्य चुकाना पड़े, वह सर्वथा उचित है, वह लक्ष्य ईश्वर से अपने पूर्ण एकत्व के बोध जैसा महान् है।

❑

# हिंदू धर्म के पक्ष में

मद्रासनिवासी मित्रो, देशबंधुओ और सहधर्मियो! मुझे यह जानकर परम संतोष है कि अपने धर्म के प्रति मेरी नगण्य सेवा आपको मान्य हुई है। मुझे यह संतोष इसलिए नहीं कि आपने मेरे व्यक्तिगत या दूर विदेश में मेरे किए हुए कार्य की प्रशंसा की है, वरन् यह संतोष मुझे इस कारण है कि हिंदू धर्म के पुनरुत्थान में आपका यह आनंद यही स्पष्टत: सूचित करता है कि यद्यपि विदेशियों के आक्रमण की आँधी-पर-आँधी हतभाग्य भारतवर्ष के भक्ति-विनम्रमस्तक पर आघात करती चली गई है, यद्यपि कई शताब्दियों के हमारे उपेक्षा-भाव और हमारे विजेताओं के तिरस्कार भाव ने हमारे पुरातन आर्यावर्त्त के वैभव के प्रकाश को धुँधला कर दिया है, यद्यपि हिंदू-धर्मरूप सौध के अनेक भव्य आधार-स्तंभ, बहुतेरी सुंदर कमानियाँ और बहुतेरे विचित्रतापूर्ण कोने-कोने कई सदियों तक जो देश को प्रलयमग्न करनेवाली बाढ़ें आईं, उनमें बहकर नष्ट हो गए। तथापि उसकी नींव पूर्णत: ज्यों-की-त्यों अटल है, मध्यवर्ती भारवाही संधिशिला सुदृढ़ है। वह आध्यात्मिक भित्ति, जिस पर हिंदू जाति की ईश्वर-भक्ति और भूतदया का अपूर्व कीर्तिस्तंभ स्थापित हुआ है, वह किंचित् भी विचलित नहीं हुई, वरन् पूर्ववत् सुदृढ़ व सबल बनी है। जिन ईश्वर का संदेश, भारत तथा समस्त संसार को पहुँचाने का सम्मान मुझ जैसे उनके अत्यंत तुच्छ और अयोग्य सेवक को मिला है, उन ईश्वर के प्रति आपका आदरभाव सचमुच अपूर्व है। यह आपकी जन्मजात धार्मिक प्रकृति है, जिसके कारण आप उन ईश्वर में और उनके संदेश में धर्म के उन प्रबल तरंग की प्रथम गूँज का अनुभव कर रहे हैं,

जो निकट भविष्य में सारे भारतवर्ष पर अपनी संपूर्ण अबाध्य शक्ति के साथ अवश्यमेव आघात करेगी और अपनी अनंत शक्तिसंपन्न बाढ़ द्वारा हर प्रकार की दुर्बलता एवं सदोषिता को दूर बहा ले जाएगी तथा हिंदू जाति को उठाकर विधि-नियोजित उस उच्च आसन पर बिठा देगी, जहाँ उसका पहुँचना निश्चित और अनिवार्य है। वहाँ वह भूतकाल की अपेक्षा और भी अधिक वैभवशाली बनेगा, शताब्दियों की नीरव कष्ट-सहिष्णुता का उपयुक्त पुरस्कार पाएगा तथा संसार को समस्त जातियों के मध्य में अपने उद्देश्य, आध्यात्मिक प्रकृतिसंपन्न मानवजाति के विकास को पूर्ण करेगा।

उत्तर भारतवासी आप दाक्षिणात्यों के विशेष कृतज्ञ हैं, क्योंकि आज भारतवर्ष में जो स्फूर्तियाँ काम कर रही हैं, उनमें से अधिकांश का इसी दक्षिण-प्रदेश से उद्गम होना पाया जाता है। श्रेष्ठ भाष्यकारगण, युगप्रवर्तक आचार्यगण, शंकर, रामानुज और माधवाचार्य ने इसी दक्षिण भारत में जन्म लिया है। उन भगवान् शंकराचार्य के सामने संसार का प्रत्येक अद्वैतवादी ऋणी हो, मस्तक झुकाता है; उन महात्मा रामानुजाचार्य के स्वर्गीय स्पर्श ने पददलित परिया लोगों को आलवार बना दिया तथा उत्तर भारत के एकमात्र महापुरुष श्रीकृष्णचैतन्य, जिनका प्रभाव सारे भारतवर्ष में है, उनके अनुयायियों ने भी उन महाविभूति माध्वाचार्य का नेतृत्व स्वीकार किया। ये सभी दक्षिण में ही उत्पन्न हुए। इस वर्तमान युग में भी काशीपुरी के वैभव में अग्रस्थान दाक्षिणात्यों का ही है; आपके त्याग का ही अधिकार हिमालय के सुदूरवर्ती शिखरों के पवित्र मंदिरों पर है। और इसमें कोई आश्चर्य की बात नहीं कि आपकी नसों में संत-महापुरुषों के रक्त प्रवाहित होने के कारण तथा आपको ऐसे आचार्यों के आशीर्वाद के धन्य जीवन प्राप्त होने के कारण आप लोग भी भगवान् श्रीरामकृष्ण के संदेश के मर्म को समझने में और

*उत्तर भारतवासी आप दाक्षिणात्यों के विशेष कृतज्ञ हैं, क्योंकि आज भारतवर्ष में जो स्फूर्तियाँ काम कर रही हैं, उनमें से अधिकांश का इसी दक्षिण-प्रदेश से उद्गम होना पाया जाता है। श्रेष्ठ भाष्यकारगण, युगप्रवर्तक आचार्यगण, शंकर, रामानुज और माधवाचार्य ने इसी दक्षिण भारत में जन्म लिया है।*

उसे आदरपूर्वक ग्रहण करने में सर्वप्रथम अग्रसर हो रहे हैं।

दक्षिण ही वैदिक विद्या का भंडार रहा है, अतएव आप लोग मेरा यह कहना समझ लेंगे कि अज्ञ आक्रमणकारियों द्वारा पुनः-पुनः प्रतिवाद होते रहने पर भी आज श्रुति ही हिंदू धर्म के सभी विभिन्न संप्रदायों का मेरुदंड है।

वेद के संहिता और ब्राह्मण भागों की महिमा मानवजाति के इतिहास की खोज लगानेवालों के लिए और शब्दशास्त्रियों के लिए चाहे जितनी अधिक हो, 'अग्निमीले' या 'इषेत्वोजेत्वा' या 'शन्नोदेवीरभीष्टये' वेदमंत्रों से विभिन्न वेदियों में यज्ञों और आहुतियों के संयोग से प्राप्त फलसमूह चाहे जितना वांछनीय हो, पर यह सब तो भोगमार्ग है और किसी ने भी इसके द्वारा मोक्षप्राप्ति का दावा नहीं किया। इसी कारण ज्ञानकांड, जो आरण्यक नामक श्रुति का श्रेष्ठ भाग है और जिसमें अध्यात्म की, मोक्षमार्ग की शिक्षा दी गई है, उसी का प्रभुत्व भारत में आज तक सदा रहा है तथा भविष्य में भी रहेगा।

*वेद के संहिता और ब्राह्मण भागों की महिमा मानवजाति के इतिहास की खोज लगानेवालों के लिए और शब्दशास्त्रियों के लिए चाहे जितनी अधिक हो, 'अग्निमीले' या 'इषेत्वोजेत्वा' या 'शन्नोदेवीरभीष्टये' वेदमंत्रों से विभिन्न वेदियों में यज्ञों और आहुतियों के संयोग से प्राप्त फलसमूह चाहे जितना वांछनीय हो, पर यह सब तो भोगमार्ग है और किसी ने भी इसके द्वारा मोक्षप्राप्ति का दावा नहीं किया।*

वर्तमान युग का हिंदू युवक सनातन-धर्म के अनेक पंथों की भूलभुलैया में भटका हुआ उस एकमात्र हिंदू धर्म को, जिसकी सार्वजनीन उपयोगिता तदुपदिष्ट **"अणोरणीयान् महतो महीयान्"** ईश्वर का यथार्थ प्रतिबिंब है। उस धर्म के मर्म को अपने भ्रमात्मक पूर्व-धारणाओं और दुराग्रहों के कारण ग्रहण करने में असमर्थ होने से जिन राष्ट्रों ने निरी भौतिकता के सिवाय कभी भी और कुछ नहीं जाना, उनसे आध्यात्मिक सत्य का पुराना पैमाना उधार लेकर अँधेरे में टटोलता हुआ, अपने पूर्वजों के धर्म को समझने का व्यर्थ का कष्ट उठाता हुआ, अंत में उस खोज को बिल्कुल त्याग देता है और या तो वह निपट 'अज्ञेयवादी' बन जाता है या अपनी धार्मिक प्रकृति

की प्रेरणाओं के कारण पशुजीवन बिताने में समर्थ नहीं हो पाता और पाश्चिमात्य भौतिकता के पौर्वात्य गंधधारी कषायों का असावधानी के साथ पान करके श्रुति की भविष्यवाणी "**परियन्ति मूढा अन्धेनैव नीयमाना यथान्धाः**" को चरितार्थ करता है।

केवल वे ही बच पाते हैं, जिनकी आध्यात्मिक प्रकृति सद्गुरु के संजीवनी-स्पर्श से जाग्रत् हो चुकी है।

भगवान् शंकराचार्य की कैसी सुंदर उक्ति है—

**दुर्लभं त्रयेमेवैतत् देवानुग्रहेतुकम्।**
**मनुष्यत्वं मुमुक्षुत्वं महापुरुषसंश्रयः॥**

ये तीन दुर्लभ हैं और ईश्वर के अनुग्रह से ही प्राप्त होते हैं—मनुष्यजन्म, मोक्ष की इच्छा और महात्माओं की संगति।

चाहे वह विशेषज्ञों का सूक्ष्म विश्लेषण ही हो, जिसके परिणाम में परमाणु, द्व्यणु और त्रसरेणु के विचित्र सिद्धांत निकाले गए हैं; चाहे वह नैयायिकों का उससे भी विचित्रतर विश्लेषण हो, जो जाति, द्रव्य, गुण, समवाय की चर्चा में दिख पड़ता है; चाहे वह परिणामवाद के जन्मदाता सांख्यवादियों के गंभीर विचारों की प्रगति ही हो, इन सब संशोधनों के परिणामस्वरूप 'व्याससूत्र' रूपी परिपक्व फल ही क्यों न हो, मानवी मन के इन विभिन्न विश्लेषणों और संश्लेषणों में वह 'श्रुति' ही एकमात्र आधार है। इतना ही नहीं, वरन् बौद्धों एवं जैनियों के दार्शनिक ग्रंथों में भी श्रुति की सहायता का परित्याग नहीं किया गया है तथा बौद्धमत के कुछ ग्रंथों में और जैनियों के अधिकांश ग्रंथों में तो श्रुति का प्रामाण्य पूर्णतः स्वीकार किया गया है।

*चाहे वह नैयायिकों का उससे भी विचित्रतर विश्लेषण हो, जो जाति, द्रव्य, गुण, समवाय की चर्चा में दिख पड़ता है; चाहे वह परिणामवाद के जन्मदाता सांख्यवादियों के गंभीर विचारों की प्रगति ही हो, इन सब संशोधनों के परिणामस्वरूप 'व्याससूत्र' रूपी परिपक्व फल ही क्यों न हो, मानवी मन के इन विभिन्न विश्लेषणों और संश्लेषणों में वह 'श्रुति' ही एकमात्र आधार है।*

इसके अपवाद के रूप में केवल वे ही श्रुतियाँ हैं, जिन्हें वे लोग हिंसक श्रुतियों और ब्राह्मणों द्वारा पीछे से जोड़े हुए (प्रक्षिप्त) मानते हैं। आधुनिक काल में स्वर्गीय महात्मा स्वामी दयानंद सरस्वती का यही मत है।

यदि कोई यह पूछे कि वह कौन सा विशिष्ट दर्शन है, जिसकी ओर केंद्र की तरह प्राचीन और अर्वाचीन समस्त हिंदू विचार-प्रणालियाँ झुकी हुई हैं, यदि कोई हिंदू धर्म के विभिन्न स्वरूपों के असली मेरुदंड को देखना चाहे तो निस्संदेह व्याससूत्र की ही ओर निर्देश किया जाएगा।

*यदि कोई यह पूछे कि वह कौन सा विशिष्ट दर्शन है, जिसकी ओर केंद्र की तरह प्राचीन और अर्वाचीन समस्त हिंदू विचार-प्रणालियाँ झुकी हुई हैं, यदि कोई हिंदू धर्म के विभिन्न स्वरूपों के असली मेरुदंड को देखना चाहे तो निस्संदेह व्याससूत्र की ही ओर निर्देश किया जाएगा।*

चाहे हिमालय के अरण्यों के हृदयस्पंदन को भी स्तब्ध कर देनेवली गंभीरता में अद्वैत-केसरी को, स्वर्नदी के गंभीर स्वर में मिले हुए मेघगर्जन ध्वनि में 'अस्ति-भाति-प्रिय' की घोषणा करते हुए सुनो, अथवा वृंदावन के मनोहारी कुंजों में 'पियापीतम' की कूजन सुनो, चाहे काशीपुरी के मठों में साधुओं के साथ गहरे ध्यान में मग्न हो जाओ या नदिया के अवतार श्रीगौरांग महाप्रभु के भक्तों के उन्मादपूर्ण नृत्यों में सम्मिलित हो, 'बड़केले और तेनकेले' आदि अनेक आशायुक्त विशिष्टाद्वैत सिद्धांत के आचार्य के चरणों का आश्रय लो या माध्व संप्रदाय के आचार्यों का उपदेश श्रद्धा के साथ श्रवण करो, सांसारिक सिक्खों का 'वाहगुरु की फतह' समरनाद ही सुनो या उदासी और निर्मला लोगों के 'ग्रंथसाहब' के उपदेशों को ही सुनो; चाहे कबीरदास के संन्यासी शिष्यों को 'सत् साहब' कहकर प्रणाम करो और साखी (भजन) के श्रवण का आनंद उठाओ; चाहे राजपूताना के सुधारक दादू के अद्भुत ज्ञानभंडार को पढ़ो या उनके राजशिष्य सुंदरदास से लेकर उस 'विचार-सागर' के प्रख्यात लेखक निश्चलदास के ग्रंथों को ही पढ़ो, जिसका (विचार-सागर) प्रभाव भारत में गत तीन शताब्दियों में किसी भी भाषा में लिखे हुए ग्रंथ में अधिक है। यदि उत्तर

भारत के किसी सफाईकर्मी से अपने लालगुरु के उपदेशों का वर्णन करने को कहते तो इन सभी उपदेशों और विभिन्न पंथों का मूल आधार वही मत दिखाई देगा, जिसका प्रमाण 'श्रुति' है, 'गीता' जिसकी दैवी टीका है, 'शारीरक सूत्र' जिसका संगठित रूप है और भारत के सभी विभिन्न मत-मतांतर, परमहंस परिव्राजकाचार्यों से लेकर लालगुरु के बेचारे तिरस्कृत शिष्यों तक के मत, जिसके भिन्न-भिन्न रूप हैं।

तब तो यह प्रस्थानत्रयी ही द्वैत, विशिष्टाद्वैत, अद्वैत और अन्य कुछ अप्रसिद्ध व्याख्याओं के साथ हिंदू धर्म का 'प्रमाण-ग्रंथ' है। वेद के संहिता भाग प्राचीन नाराशंसी के आधुनिक स्वरूप पुराण ही उसका 'उपाख्यान' विभाग है और वैदिक ब्राह्मण-भाग का आधुनिक स्वरूप तंत्र ही उसका 'कर्मकांड' है। इस प्रकार एकमात्र प्रस्थानत्रयी ही सभी संप्रदायों का सर्वसाधारण प्रमाणग्रंथ है, परंतु प्रत्येक संप्रदाय ने पुराणों और तंत्रों में से अपने लिए एक-एक को अलग-अलग ग्रहण कर लिया है।

*तब तो यह प्रस्थानत्रयी ही द्वैत, विशिष्टाद्वैत, अद्वैत और अन्य कुछ अप्रसिद्ध व्याख्याओं के साथ हिंदू धर्म का 'प्रमाण-ग्रंथ' है। वेद के संहिता भाग प्राचीन नाराशंसी के आधुनिक स्वरूप पुराण ही उसका 'उपाख्यान' विभाग है और वैदिक ब्राह्मण-भाग का आधुनिक स्वरूप तंत्र ही उसका 'कर्मकांड' है।*

उपर्युक्त कथनानुसार—तंत्र ही वैदिक कर्मकांड के किंचित् परिवर्तित आधुनिक रूप हैं और किसी पाठक के उसके संबंध में किसी अत्यंत असंबद्ध सिद्धांत में पहुँचने के पूर्व मेरा अनुरोध है कि वह तंत्रों को 'ब्राह्मण', विशेषकर अध्वर्युभाग के साथ पढ़ लें। तंत्रों में उपयोग किए हुए अधिकांश मंत्र तो 'ब्राह्मण' से ही शब्दशः उद्धृत हुए दिखाई देंगे तथा उनके प्रभाव के संबंध में यह कहना पर्याप्त है कि श्रौत और स्मार्त कर्मों को छोड़कर हिमालय से कन्याकुमारी तक प्रचलित शेष सब कर्मकांड तंत्रों से ही लिये गए हैं और उन्हीं के अनुसार शाक्त, शैव, वैष्णव तथा अन्यान्य संप्रदायों में उपासना की जाती है।

हाँ, मैं ऐसा तो नहीं कर सकता कि सभी हिंदू अपने धर्म के इस मूल के

संबंध में पूर्णतः परिचित हैं। बहुतेरे लोगों ने तो, विशेषकर निम्न बंगदेश में इन संप्रदायों और इन महान् प्रणालियों के नाम तक नहीं सुने हैं, परंतु जानकर या अनजाने में वे सब इसी प्रस्थानत्रयी में निर्धारित योजना के अनुसार काम करते हैं।

दूसरी ओर देखो तो जहाँ कहीं हिंदी भाषा बोली जाती है, वहाँ अति नीच वर्गों में भी दक्षिण बंगाल के बहुतरे उच्चतम वर्गों की अपेक्षा वेदांत धर्म की अधिक जानकारी है। इसका कारण क्या है?

***आश्चर्य की बात है कि यद्यपि श्रीचैतन्य ने संन्यास दीक्षा एक 'भारती' से ग्रहण की और इस कारण वे स्वयं भारती थे, पर माधवेंद्र पुरीजी के शिष्य, ईश्वर पुरीजी द्वारा ही उनकी आध्यात्मिक प्रतिभा की प्रथम जागृति हुई। ऐसा प्रतीत होता है कि बंगदेश में धार्मिक जागृति करना, मानो पुरी संप्रदाय का ही एक विधाता-निर्दिष्ट उद्‌देश्य था।***

बंगदेशीय न्याय, जो मिथिलाभूमि से नवद्वीप से स्थानांतरित हुआ और शिरोमणि, गदाधर, जगदीश आदि मनीषीगण की प्रतिभा द्वारा पोषित एवं संवर्धित हुआ, जिसमें किसी-किसी विषय में तो सारे संसार की अन्य सभी प्रणालियों से श्रेष्ठ, अपूर्व तथा उपयुक्त भाषा-शिल्प में वर्णित तर्कप्रणाली के विश्लेषण का समावेश है, वह बंगीय न्याय सारे भारतवर्ष में आदर की दृष्टि से अध्ययन किया जाता है; परंतु खेद है कि बंगवासियों ने वेद के अध्ययन की अत्यंत उपेक्षा की, यहाँ तक कि पिछले कुछ वर्षों के पहले बंगाल में पतंजलि के महाभाष्य का शिक्षक प्रायः मिलता ही नहीं था। केवल एक ही बार वे महान् प्रतिभाशाली भगवान् श्रीकृष्णचैतन्य उस अनंत 'अवच्छिन्न अवच्छेदक' के जाल से ऊपर उठ सके। उसी समय एक बार बंगाल की आध्यात्मिक तंद्रा भंग हुई और कुछ समय तक वह भी भारतवर्ष के अन्य प्रदेशों के धर्मजीवन में सहभागी हुआ।

आश्चर्य की बात है कि यद्यपि श्रीचैतन्य ने संन्यास दीक्षा एक 'भारती' से ग्रहण की और इस कारण वे स्वयं भारती थे, पर माधवेंद्र पुरीजी के शिष्य, ईश्वर पुरीजी द्वारा ही उनकी आध्यात्मिक प्रतिभा की प्रथम जागृति हुई। ऐसा प्रतीत होता है कि बंगदेश में धार्मिक जागृति करना, मानो पुरी संप्रदाय का

ही एक विधाता-निर्दिष्ट उद्देश्य था। भगवान् श्रीरामकृष्ण का संन्यास-आश्रम तोतापुरीजी से प्राप्त हुआ।

श्रीचैतन्य महाप्रभु ने व्याससूत्र पर जो भाष्य लिखा, वह या तो लुप्त हो गया या अभी तक नहीं मिल सका। उनके शिष्यगण दक्षिण के माध्व संप्रदाय के साथ सम्मिलित हो गए और क्रमशः रूप, सनातन और जीव गोस्वामी, जैसे विख्यात महापुरुषों द्वारा अंगीकृत कार्यभार बाबाजी लोगों के कंधे आ पड़ा और श्रीचैतन्य महाप्रभु का महान् आंदोलन तीव्र गति से ध्वंस की ओर जाने लगा। केवल थोड़े ही वर्षों से उसके पुनरुज्जीवन का चिह्न दिखाई दे रहा है। आशा है कि वह अपना नष्ट वैभव पुनः प्राप्त करेगा। श्रीचैतन्य का प्रभाव सारे भारतवर्ष में दिखाई देता है। जहाँ कहीं भक्तिमार्ग की जानकारी है, वहाँ उनकी पूजा-मान्यता तथा उनके संबंध में सादर चर्चा प्रचलित है। मैं कई कारणों से यही मानता हूँ कि वल्लभाचार्य का संपूर्ण संप्रदाय श्रीचैतन्य महाप्रभु के संप्रदाय की एक शाखा मात्र है। पर बंगाल में उनके शिष्य कहलानेवाले लोग, यह नहीं जानते कि उनकी शक्ति सारे भारतवर्ष में आज भी किस तरह काम कर रही है। और वे समझें भी कैसे? उनके शिष्यगण तो गद्दीवाले बन गए, पर वे स्वयं तो भारत में नंगे पैर चांडाल तक के द्वार-द्वार पर जाकर भगवान् के प्रति प्रेमसंपन्न होने की भीख माँगते फिरे।

*श्रीचैतन्य महाप्रभु ने व्याससूत्र पर जो भाष्य लिखा, वह या तो लुप्त हो गया या अभी तक नहीं मिल सका। उनके शिष्यगण दक्षिण के माध्व संप्रदाय के साथ सम्मिलित हो गए और क्रमशः रूप, सनातन और जीव गोस्वामी, जैसे विख्यात महापुरुषों द्वारा अंगीकृत कार्यभार बाबाजी लोगों के कंधे आ पड़ा और श्रीचैतन्य महाप्रभु का महान् आंदोलन तीव्र गति से ध्वंस की ओर जाने लगा।*

जो विचित्र अशास्त्रीय आनुवंशिक कुलगुरुओं की प्रथा बंगाल प्रांत में और अधिकतर केवल उसी प्रांत में प्रचलित है, वही उस प्रांत के भारतवर्ष के अन्य भागों के आध्यात्मिक जीवन से अलग रहने का एक और कारण है। सबसे बड़ा कारण तो यह है कि बंगदेशीय जीवन पर ऐसे महान् संन्यासी वर्ग का प्रभाव नहीं

पड़ा, जो वर्ग आज भी अत्युच्च भारतीय आध्यात्मिक संस्कृति के प्रतिनिधि और भंडारस्वरूप हैं।

बंगाल के उच्चवर्ग को त्याग की रुचि कदापि नहीं है। उनकी प्रवृत्ति भोग की ओर है। वे आध्यात्मिक विषयों में गंभीर अंतर्दृष्टि कैसे प्राप्त कर सकते हैं? "**त्यागेनैके अमृतत्वमानशुः**", एकमात्र त्याग द्वारा ही अमृतत्व प्राप्त होता है। इसका व्यतिक्रम कैसे हो सकता है?

दूसरी ओर देखो तो हिंदीभाषी संसार में बड़े प्रभावशाली प्रतिभावान त्यागी उपदेशकों की परंपरा ने द्वार-द्वार तक वेदांत के सिद्धांतों को पहुँचा दिया है। विशेष तौर पर पंजाब केसरी रणजीतसिंह के शासन-काल में त्यागियों को जो प्रोत्साहन दिया गया था, उसके कारण नीचातिनीचों को भी वेदांतदर्शन के उच्चतम उपदेशों को ग्रहण करने का अवसर प्राप्त हो गया। सात्त्विक अभिमन के साथ पंजाबी कृषकपुत्री कहती है—"मेरा सूत कातने का चरखा भी 'सोऽहम्' 'सोऽहम्' पुकार रहा है और मैंने मेहतर त्यागियों को भी हृषीकेश के अरण्यों में संन्यासी का वेश धारण किए वेदांत का अध्ययन करते देखा है। वे ऐसे-वैसे नहीं हैं। अनेक अभिमानी उच्चवर्णीय पुरुष भी उनके चरणों के समीप बैठकर शिक्षा प्राप्त करने में प्रसन्न होंगे। और ऐसा क्यों न हो?" "**अंतयादिप परं धर्मम्**", नीचकुलोत्पन्न मनुष्य से भी परमधर्म, परमात्म-ज्ञान की शिक्षा ली जा सकती है।

*दूसरी ओर देखो तो हिंदीभाषी संसार में बड़े प्रभावशाली प्रतिभावान त्यागी उपदेशकों की परंपरा ने द्वार-द्वार तक वेदांत के सिद्धांतों को पहुँचा दिया है। विशेष तौर पर पंजाब केसरी रणजीतसिंह के शासन-काल में त्यागियों को जो प्रोत्साहन दिया गया था, उसके कारण नीचातिनीचों को भी वेदांतदर्शन के उच्चतम उपदेशों को ग्रहण करने का अवसर प्राप्त हो गया।*

इसी तरह उत्तर-पश्चिमी प्रांत और पंजाब में धार्मिक शिक्षा बंगाल, बंबई या मद्रास की अपेक्षा अधिक है। भिन्न-भिन्न संप्रदायों के सदाकाल प्रवास करनेवाले त्यागी, दशनामी, वैरागी और पंथी लोग, प्रत्येक के द्वार पर धर्म का उपदेश किया करते हैं और उसके लिए खर्च क्या पड़ता है? केवल एक टुकड़ा

रोटी। और उसमें से अधिकांश कितने उदार और निस्स्वार्थ होते हैं।

एक 'कचूपंथी' या स्वतंत्रपंथी संन्यासी (जो अपने को किसी पंथ में शामिल नहीं करना चाहे; ऐसे हैं, जिनके द्वारा राजपूताना में सैकड़ों पाठशालाएँ और दातव्य आश्रम स्थापित हुए हैं। उन्होंने जंगलों में अस्पताल खोले हैं और हिमालय के दुर्गम गिर-नदियों को पार करने के लिए लोहे के पुल बनवाए हैं। और वे ऐसे पुरुष हैं कि सिक्के को अपने हाथों से कभी छूते तक नहीं और एक कंबल के सिवाय कोई अन्य संसारी वस्तु अपने पास नहीं रखते। इसी कारण लोगों में उनका नाम 'कमलीवाले' बाबा या स्वामी पड़ गया है। वे अपना भोजन द्वार पर जाकर माँग लिया करते हैं। मैंने उनको एक ही घर से अपना पूरा भोजन लेते नहीं देखा है। वे इसी विचार या डर से ऐसा करते हैं कि कहीं किसी एक ही गृहस्थ को उनकी भिक्षा भाररूप न हो जाए। और ऐसे वे ही एक नहीं हैं। उनके समान और कितने ही हैं। भारतवर्ष में जब तक ऐसे भूदेव जीवित रहेंगे और अपने ऐसे दैवी आचरणरूप दुर्भेद्य परकोटे में 'सनातन धर्म' की रक्षा करते रहेंगे, तब तक वह पुराना धर्म क्या कभी मर सकता है?

*एक 'कचूपंथी' या स्वतंत्रपंथी संन्यासी ( जो अपने को किसी पंथ में शामिल नहीं करना चाहे; ऐसे हैं, जिनके द्वारा राजपूताना में सैकड़ों पाठशालाएँ और दातव्य आश्रम स्थापित हुए हैं। उन्होंने जंगलों में अस्पताल खोले हैं और हिमालय के दुर्गम गिर-नदियों को पार करने के लिए लोहे के पुल बनवाए हैं।*

इसी तरह श्रीरामकृष्ण के शिष्यगण हिंदू धर्म का जिस रूप में सारे भारतवर्ष में प्रचार कर रहे हैं, वह सच्छास्त्रों के अनुकूल है या नहीं, ऐसे बड़े विषय को विचार करने के लिए इस छोटे से पत्रक में पर्याप्त स्थान नहीं है। पर मैं यहाँ अपने समालोचकों के सामने कुछ संकेत अवश्य रखूँगा, जिनसे हमारी स्थिति को समझने में उन्हें कुछ सहायता मिल सकें।

प्रथम तो मैंने ऐसी दलील कभी नहीं की कि 'काशीदास' या 'कृत्तिवास' के ग्रंथों से हिंदू धर्म का यथार्थ रूप जाना जा सकता है, यद्यपि उनकी वाणि 'अमृत समान' है और उनको श्रवण करनेवाले 'पुण्यवान' हैं। हिंदू धर्म का

यथार्थ ज्ञान प्राप्त करने के लिए हमें वेद व दर्शनशास्त्र पढ़ना चाहिए तथा भारत भर के महान् आचार्यों और उनके शिष्यों से उपदेश ग्रहण करना चाहिए।

भाइयो! यदि आप 'गौतमसूत्र' से प्रारंभ करें तथा 'आप्त' के संबंध में उसके सिद्धांतों को वात्स्यायन भाष्य की दृष्टि से पढ़ें और शबर आदि अन्य भाष्यकारों की सहायता से मीमांसकों के मत तक पहुँच जाएँ तो आपको पता चलेगा कि वे अलौकिक, प्रत्यक्ष तथा 'आप्त' के विषय में क्या कहते हैं, क्या हर एक व्यक्ति आप्त हो सकता है अथवा नहीं और ऐसे आप्तों के वाक्य होने के कारण ही वेदों का प्रमाण्य है। यदि आपको यजुर्वेद की महीधरकृत प्रस्तावना पढ़ने का समय हो तो उसमें आपको इस बात का और अधिक स्पष्टीकरण मिलेगा कि वेद मनुष्य के आध्यात्मिक जीवन के नियम हैं और इसी कारण उनका सिद्धांत है कि वेद, अनादि तथा अनंत है।

*अब भारतवर्ष के सभी संप्रदाय स्थूल रूप से ज्ञान-मार्गी और भक्ति-मार्गी, इन दो श्रेणियों में विभक्त किए जा सकते हैं। यदि आप श्रीशंकराचार्यकृत 'शारीरिक भाष्य' की भूमिका को देखें तो उसमें आपको ज्ञान की निरपेक्षता के संबंध में पूर्ण विवेचन मिलेगा और सिद्धांत यह निकाला गया है कि ब्रह्म की अनुभूति और मोक्ष की प्राप्ति किसी अनुष्ठान, मत, वर्ण, जाति या संप्रदाय पर अवलंबित नहीं है।*

सृष्टि के अनादिकत्व का सिद्धांत केवल हिंदू धर्म का ही नहीं, वरन् बौद्ध तथा जैन धर्म का भी प्रधान आधारस्तंभ है।

अब भारतवर्ष के सभी संप्रदाय स्थूल रूप से ज्ञान-मार्गी और भक्ति-मार्गी, इन दो श्रेणियों में विभक्त किए जा सकते हैं। यदि आप श्रीशंकराचार्यकृत 'शारीरिक भाष्य' की भूमिका को देखें तो उसमें आपको ज्ञान की निरपेक्षता के संबंध में पूर्ण विवेचन मिलेगा और सिद्धांत यह निकाला गया है कि ब्रह्म की अनुभूति और मोक्ष की प्राप्ति किसी अनुष्ठान, मत, वर्ण, जाति या संप्रदाय पर अवलंबित नहीं है। कोई भी साधन-चतुष्ट्यसंपन्न साधक उसका अधिकारी बन सकता है। साधन-चतुष्ट्य संपूर्ण चित्तशुद्धि करनेवाले कुछ अनुष्ठान मात्र है।

भक्तिमार्ग के विषय में तो बंगदेशीय समालोचक भी अच्छी तरह से जानते हैं कि भक्ति के कई आचार्यों ने यह घोषणा की है कि जाति, वंश, लिंग आदि, यहाँ तक कि मनुष्य योनि की भी आवश्यकता मोक्ष के लिए नहीं है। केवल एक आवश्यक वस्तु है—'भक्ति'।

ज्ञान और भक्ति दोनों को निरपेक्ष बतलाकर ही सर्वत्र उपदेश दिया गया है। इसी कारण एक भी ऐसे आचार्य नहीं हैं, जिन्होंने विशेष पंथ, विशेष जाति या विशेष वंश की आवश्यकता मोक्ष के लिए बताई हो। इस संबंध में "**अंतरा चापि तु तद्दृष्टः**" इस व्यास-सूत्र का शंकर, रामानुज और मध्वकृत भाष्य पढ़िए।

*ज्ञान और भक्ति दोनों को निरपेक्ष बतलाकर ही सर्वत्र उपदेश दिया गया है। इसी कारण एक भी ऐसे आचार्य नहीं हैं, जिन्होंने विशेष पंथ, विशेष जाति या विशेष वंश की आवश्यकता मोक्ष के लिए बताई हो। इस संबंध में "अंतरा चापि तु तद्दृष्टः" इस व्यास-सूत्र का शंकर, रामानुज और मध्वकृत भाष्य पढ़िए।*

समग्र उपनिषदों का अध्ययन कीजिए और संहिताओं में भी देखिए। कहीं भी मोक्ष के संबंध में अन्य धर्मों के समान मर्यादित या संकीर्ण विचार नहीं मिलेंगे। अन्य धर्मों के प्रति सहिष्णुता के विषय में सर्वत्र ही उल्लेख है, यहाँ तक कि 'अध्वर्युवेद', की संहिता में चालीसवें अध्याय के तृतीय या चतुर्थ श्लोक में (यदि मुझे ठीक स्मरण है तो) कहा है—

**न बुद्धिभेदं जनएदज्ञानां कर्मसंगिनाम्।**

यही भाव हिंदू धर्म में सर्वत्र विद्यमान है।

क्या भारतवर्ष में कोई भी मनुष्य, जब तक वह सामाजिक नियमों का पालन करता रहा, किसी भी विशिष्ट इष्टदेवता को मानने के कारण या नास्तिक या अज्ञेयवादी होने के कारण पीड़ित किया गया? समाज किसी को सामाजिक नियम भंग करने के अपराध में शासित करे, पर प्रत्येक मनुष्य के लिए, अति नीच-पतित के लिए भी हिंदू धर्म में मोक्षमार्ग कभी बंद नहीं किया गया। इन दोनों विषयों को एक में मत मिलाइए। उदारणार्थ, मलाबार में जिस सड़क से

उच्च वर्ण का मनुष्य चलता है, उससे चांडाल को चलने की मनाही है, पर यदि वह मुसलमान या ईसाई हो जाए तो वह कहीं भी चल सकता है, ऐसा नियम हिंदू राजा के राज्य में सदियों से रहा है। यह अटपटा भले ही दिखे, पर अत्यंत प्रतिकूल अवस्था में भी अन्य धर्मों के प्रति सहिष्णुता का भाव तो इसमें स्पष्ट है।

एक भाव हिंदू धर्म में संसार के अन्य धर्मों की अपेक्षा विशेष है। उसके प्रकट करने में ऋषियों ने संस्कृत भाषा के प्रायः समग्र शब्दसमूह को निःशेष कर डाला है। वह भाव यह है कि मनुष्य को इसी जीवन में ईश्वर की प्राप्ति करनी होगी और अद्वैत ग्रंथ अत्यंत प्रमाणयुक्त तर्क के साथ उसमें यह जोड़ देते हैं कि "ईश्वर को जानना ही ईश्वर हो जाना है"—"**ब्रह्मवेद ब्रह्मैव भवति।**"

*एक भाव हिंदू धर्म में संसार के अन्य धर्मों की अपेक्षा विशेष है। उसके प्रकट करने में ऋषियों ने संस्कृत भाषा के प्रायः समग्र शब्दसमूह को निःशेष कर डाला है। वह भाव यह है कि मनुष्य को इसी जीवन में ईश्वर की प्राप्ति करनी होगी और अद्वैत ग्रंथ अत्यंत प्रमाणयुक्त तर्क के साथ उसमें यह जोड़ देते हैं कि "ईश्वर को जानना ही ईश्वर हो जाना है"—"ब्रह्मवेद ब्रह्मैव भवति।"*

इसके आवश्यक फलस्वरूप यह उदार और अत्यंत प्रभावशाली मत प्रकट होता है, जो कि न केवल वैदिक ऋषियों द्वारा घोषित हुआ है, जिसे न केवल विदुर, धर्मव्याध आदि ने ही कहा है, वरन् अभी कुछ समय पूर्व दादू-पंथी संप्रदाय के त्यागी संत निश्चलदास ने अपने 'विचार-सागर' में स्पष्टतापूर्वक कहा है—

**"ब्रह्मरूप अहि ब्रह्मवित, ताकी वाणी वेद।**
**भाषा अथवा संस्कृत, करत भेदभ्रम छेद।।"**

जिसने ब्रह्म को जान लिया, वह ब्रह्म बन गया। उसकी वाणी वेद है और उसके अज्ञान का अंधकार दूर हट जाएगा; चाहे वह वाणी संस्कृत में हो या आधुनिक भाषा में।

इस प्रकार द्वैतवादियों के मत के अनुसार ब्रह्म की उपलब्धि करना, ईश्वर का साक्षात्कार करना या अद्वैतवादियों के कहने के अनुसार ब्रह्म हो जाना, यही

वेदों के समस्त उपदेशों का एकमात्र लक्ष्य है तथा उसके और अन्य उपदेश हमारी उस लक्ष्य की ओर प्रगति के लिए सोपानस्वरूप हैं। भाष्यकार भगवान् शंकराचार्य की महिमा यही है कि उनकी प्रतिभा ने व्यास के भावों की ऐसी अपूर्व व्याख्या प्रकट की।

निरपेक्ष रूप से केवल ब्रह्म ही सत्य है। सापेक्ष सत्य की दृष्टि से भारतवर्ष और अन्य देशों के सभी विभिन्न मत उसी ब्रह्म के भिन्न-भिन्न रूपों के आधार पर बने हुए होने के कारण सत्य हैं। बात केवल यही है कि कुछ मत और अन्य मतों से श्रेष्ठ हैं। मान लो, एक मनुष्य सीधा सूर्य की ओर चलता जा रहा है। अपनी यात्रा के प्रत्येक पद पर वह सूर्य के नवीन-नवीन दृश्य, आकार, रूप और प्रकाश हर क्षण नया-नया देखता जाएगा, जब तक कि वह प्रत्यक्ष सूर्य तक न पहुँच जाए। पहले सूर्य उसे एक बड़ी गेंद सा दिखाई देता था, वैसा तो वह कभी नहीं था, न वह सूर्य कभी वैसा ही था, जैसा कि उसे वह अपनी यात्रा में भिन्न-भिन्न रूप में दिखा। तथापि यह तो सत्य ही है न कि हमारे उस यात्री ने सदा सूर्य को ही देखा तथा उस सूर्य के सिवाय और किसी अन्य वस्तु को नहीं देखा? उसी तरह ये सभी भिन्न-भिन्न मत सत्य हैं, कुछ सन्निकट हैं तो कुछ यथार्थ सूर्य से अधिक दूर हैं, और वह सूर्य है हमारा 'एकमेवाद्वितीयम् ब्रह्म'।

*निरपेक्ष रूप से केवल ब्रह्म ही सत्य है। सापेक्ष सत्य की दृष्टि से भारतवर्ष और अन्य देशों के सभी विभिन्न मत उसी ब्रह्म के भिन्न-भिन्न रूपों के आधार पर बने हुए होने के कारण सत्य हैं। बात केवल यही है कि कुछ मत और अन्य मतों से श्रेष्ठ हैं। मान लो, एक मनुष्य सीधा सूर्य की ओर चलता जा रहा है।*

और जब वेद ही उस सत्य निर्विशेष ब्रह्म की शिक्षा देनेवाले एकमात्र शास्त्र है और ईश्वर संबंधी अन्य सब मत केवल उसी के छोटे मर्यादित दर्शन मात्र हैं, जबकि 'सर्वलोकहितैषिणी' श्रुती भगवती धीरे से भक्त का हाथ पकड़ लेती है और एक श्रेणी से दूसरी में और क्रमशः अन्य सभी श्रेणियों में से, जहाँ-जहाँ से पार होना आवश्यक है, वहाँ से ले जाकर उस निर्विशेष ब्रह्म तक पहुँचा देती है और जब अन्य सभी धर्म उन्हीं में से रुद्धगति तथा स्थितिशील रूप में किसी

एक या दूसरी श्रेणी मात्र का ही निर्देश करते हैं, तब तो संसार के सभी धर्म उस नामरहित, सीमारहित, नित्य वैदिक धर्म के अंतर्गत हैं।

सैकड़ों जीवन लगातार प्रयत्न कीजिए, युगों तक अपने मन के अंतस्तल में खोजिए तो भी आपको एक भी ऐसा उदार धार्मिक विचार दिखाई नहीं देगा, जो कि आध्यात्मिकता की उस अनंत खान में पूर्व से ही अंतर्निहित न हो।

अब हिंदुओं की मूर्तिपूजा कही जानेवाली तथाकथित प्रथा को लीजिए। प्रथम तो आप जाकर उस पूजा के विभिन्न प्रकारों को सीखिए और यह निश्चय कीजिए कि वे उपासक यथार्थ में पूजा कहाँ कर रहे हैं, मंदिर में, प्रतिमा में या अपने देह-मंदिर में? पहले यह तो निश्चय रूप से जान लीजिए कि वे क्या कर रहे हैं (निंदा करनेवालो में से 90 प्रतिशत से अधिक लोग इस बात को नहीं जानते) और तब वेदांत दर्शन की दृष्टि से वह बात अपने आप ही समझ में आ जाएगी।

*फिर भी हम कहेंगे कि ये कर्म अनिवार्य रूप से आवश्यक नहीं हैं। वरन् 'मनु' को खोलकर देखिए, जहाँ उसमें प्रत्येक वृद्ध मनुष्य के लिए चतुर्थ आश्रम ग्रहण करने की आज्ञा है, चाहे वह वैसा करे या न करे। उसे सभी कर्मों का त्याग तो करना ही चाहिए। सर्वत्र यही पुनः-पुनः कहा गया है कि ये सभी कर्म ज्ञान में जाकर समाप्त होते हैं—"ज्ञाने परिसमाप्यते।"*

फिर भी हम कहेंगे कि ये कर्म अनिवार्य रूप से आवश्यक नहीं हैं। वरन् 'मनु' को खोलकर देखिए, जहाँ उसमें प्रत्येक वृद्ध मनुष्य के लिए चतुर्थ आश्रम ग्रहण करने की आज्ञा है, चाहे वह वैसा करे या न करे। उसे सभी कर्मों का त्याग तो करना ही चाहिए। सर्वत्र यही पुनः-पुनः कहा गया है कि ये सभी कर्म ज्ञान में जाकर समाप्त होते हैं—"**ज्ञाने परिसमाप्यते।**"

इन सब कारणों से यथार्थ में तो अन्य देश के भद्र लोगों की अपेक्षा किसी हिंदू किसान का भी धार्मिक ज्ञान अधिक हुआ करता है। अपने भाषाणों में दर्शन और धर्मशास्त्र के यूरोपीय शब्दों के उपयोग करने के विषय में मुझे एक मित्र ने दोषी ठहराया। मैं संस्कृत शब्दों का हर्षपूर्वक उपयोग करता, मेरे लिए वैसा करना बहुत आसान होता, क्योंकि धर्मभाव को प्रकट करने के लिए एकमात्र

पूर्ण साधन संस्कृत भाषा ही है। पर वह मित्र यह भूल गया था कि मैं पश्चिमात्य श्रोताओं के सामने भाषण दे रहा था। और यद्यपि भारत के एक ईसाई पादरी ने यह कहा था कि हिंदू लोग अपने धर्मग्रंथों का अर्थ भूल गए हैं और पादरी लोगों ने ही उसका अर्थ निकाला। पादरियों के उस बृहत् समुदाय में मुझे एक भी ऐसा नहीं मिला, जो संस्कृत का एक वाक्य भी समझ सकता, तिसपर भी उनमें से कई ऐसे थे, जिन्होंने वेदों तथा हिंदू धर्म के अन्य पवित्र ग्रंथों की निंदात्मक समालोचना के विद्वत्तापूर्ण लेख पढ़कर सुनाए।

यह बात सच नहीं है कि मैं किसी धर्म का विरोधी हूँ और मैं भारत के ईसाई पादरियों से शत्रुता करता हूँ, यह भी उतना ही असत्य है। परंतु अमेरिका में वे जिस तरीके से चंदे से धन एकत्र करते हैं, उनका मैं अवश्य ही प्रतिवाद करता हूँ।

बच्चों की पाठ्य पुस्तकों में ऐसे चित्रों को छापने का क्या मतलब है, जिनमें कि हिंदू माता अपने बच्चे को गंगा नदी में मगर के मुँह में झोंक रही है? चित्र में माता तो काले रंग की है, परंतु बच्चे का रंग श्वेत रखा गया है, जिससे कि बच्चे के प्रति सहानुभूति अधिक बढ़े और धन अधिक प्राप्त हो। उन चित्रों का भी क्या अर्थ है, जिनमें एक मनुष्य अपनी पत्नी को अपने हाथों से एक स्तंभ से बाँधकर इसलिए जीवित जला रहा है कि वह मरकर भूत हो जाए और उसके (अपने पति के) शत्रुओं को सताए।

***बच्चों की पाठ्य पुस्तकों में ऐसे चित्रों को छापने का क्या मतलब है, जिनमें कि हिंदू माता अपने बच्चे को गंगा नदी में मगर के मुँह में झोंक रही है? चित्र में माता तो काले रंग की है, परंतु बच्चे का रंग श्वेत रखा गया है, जिससे कि बच्चे के प्रति सहानुभूति अधिक बढ़े और धन अधिक प्राप्त हो।***

मनुष्य के समूह को कुचलते हुए बड़े-बड़े रथों के चित्र छापने का क्या मतलब है? उस दिन इस देश में (अमेरिका में) बच्चों के लिए एक पुस्तक प्रकाशित हुई। उसमें एक सज्जन अपनी कलकत्ता-यात्रा का वर्णन कर रहे हैं। वे कहते हैं कि कलकत्ता की सड़कों में कई धर्मोन्मत्त मनुष्यों पर से उनको कुचलते हुए एक बड़ा रथ चलाया जा रहा था, ऐसा मैंने देखा।

मेमफिस शहर में मैंने पादरी को यह प्रचार करते सुना कि भारत के प्रत्येक ग्राम में एक ऐसा तालाब रहता है, जो छोटे-छोटे बच्चों की हड्डियों से भरा रहता है।

हिंदुओं ने ईसा मसीह के उन शिष्यों को, जो प्रत्येक ईसाई बालक को यह सिखाते हैं कि हिंदू दुष्ट हैं, अभागे हैं और पृथ्वी में अत्यंत भयानक दानस्वरूप है, क्या किया है ?

यहाँ के बालकों की रविवार की पाठशालाओं की शिक्षा का एक अंश यही रहता है कि जो ईसाई नहीं हैं, उन लोगों से और विशेषकर हिंदुओं से घृणा करो, ताकि बचपन से ही वे पादरी मिशन को अपने पैसे चंदे के रूप में देने लगें।

यदि सत्य के लिए नहीं तो कम-से-कम अपने ही बच्चों के सदाचार की रक्षा के निमित्त तो ईसाई पादरियों को चाहिए कि वे ऐसी बातें न होने दें। ऐसे बच्चे आगे बढ़कर निर्दयी पुरुष और स्त्री बनते हैं तो इसमें आश्चर्य ही क्या है ?

जो प्रचारक अनंत नरकों की यातनाओं, वहाँ की प्रज्वलित अग्निज्वाला, प्रज्वलित गंधक आदि का जितना ही अधिक भयंकर वर्णन कर सके, उसे उतनी ही अधिक प्रतिष्ठा कट्टरपंथियों में मिलती है।

*यदि सत्य के लिए नहीं तो कम-से-कम अपने ही बच्चों के सदाचार की रक्षा के निमित्त तो ईसाई पादरियों को चाहिए कि वे ऐसी बातें न होने दें। ऐसे बच्चे आगे बढ़कर निर्दयी पुरुष और स्त्री बनते हैं तो इसमें आश्चर्य ही क्या है ?*
*जो प्रचारक अनंत नरकों की यातनाओं, वहाँ की प्रज्वलित अग्निज्वाला, प्रज्वलित गंधक आदि का जितना ही अधिक भयंकर वर्णन कर सके, उसे उतनी ही अधिक प्रतिष्ठा कट्टरपंथियों में मिलती है।*

हमारे एक मित्र की नौकरानी लड़की को पुनरुत्थान संप्रदाय के उपदेश सुनने के परिणामस्वरूप पागलखाने में रखना पड़ा। उसके लिए 'नरकाग्नि और प्रज्वलित गंधक' की मात्रा अत्यधिक हो गई। पुनश्च हिंदू धर्म के विरुद्ध मद्रास में प्रकाशित पुस्तकों की ओर तो देखिए। यदि इस प्रकार का एक वाक्य भी कोई

हिंदू ईसाई धर्म के विरुद्ध लिख दे तो पादरी लोग बदला लेने के लिए आकाश-पाताल एक कर डालेंगे।

मेरे देशबंधुओ ! मैं इस देश में एक वर्ष से अधिक रह चुका हूँ। मैंने इनके समाज का प्राय: कोना-कोना छान डाला है। और दोनों का मिलान करके मैं आप लोगों को बता रहा हूँ कि जैसा पादरी लोग संसार को बताया करते हैं, उस प्रकार न तो हम लोग 'राक्षस' हैं और न वे लोग 'देवता' हैं; जैसा कि उनका दावा है। पादरी लोग नैतिक पतन, बालहत्या और हिंदू विवाह-पद्धति के दोषों के संबंध में जितना ही कम बोलें, उतना ही उनके लिए बेहतर होगा। कई देशों के ऐसे यथार्थ चित्र हो सकते हैं, जिनके सामने पादरियों द्वारा खींचे हुए हिंदू समाज के सभी काल्पनिक चित्र फीके पड़ जाएँगे। परंतु मेरे जीवन का उद्‌देश्य वैतनिक प्रचारक बनने का नहीं है। हिंदू समाज संपूर्ण निर्दोष है, ऐसा दावा और करे तो करे, मैं तो कदापि न करूँगा। मेरे समाज की त्रुटियों की या शताब्दियों के दुर्भाग्य के कारण जिन दोषों ने उसमें जड़ जमा ली है, उनकी जानकारी मुझे औरों की अपेक्षा अधिक है। विदेशीय मित्रो ! यदि आप सच्ची सहानुभूमि के साथ सहायता देने के लिए, न कि विनाश करने के लिए आते हैं तो ईश्वर आपको सफल बनाए। परंतु यदि इस दलित और पतित राष्ट्र के मस्तक पर समय-कुसमय सतत गालियों की बौछार करके अपने निजी राष्ट्र की नैतिक श्रेष्ठता की विजयपूर्ण घोषणा करना ही आपका उद्‌देश्य है तो मैं आपको साफ-साफ बतला देना चाहता हूँ कि यदि किंचिदपि न्याय के साथ तुलना की जाएगी तो नैतिक आचार में हिंदू लोग संसार की अन्य जातियों की अपेक्षा अत्यधिक उन्नत पाए जाएँगे।

*मेरे देशबंधुओ! मैं इस देश में एक वर्ष से अधिक रह चुका हूँ। मैंने इनके समाज का प्राय: कोना-कोना छान डाला है। और दोनों का मिलान करके मैं आप लोगों को बता रहा हूँ कि जैसा पादरी लोग संसार को बताया करते हैं, उस प्रकार न तो हम लोग 'राक्षस' हैं और न वे लोग 'देवता' हैं; जैसा कि उनका दावा है।*

भारत में धर्म पर प्रतिबंध नहीं रखा गया था। किसी भी मनुष्य को अपने

इष्टदेव या संप्रदाय या अपने गुरु को चुनने में कोई रोक-टोक नहीं की जाती थी। इसी कारण यहाँ धर्म की जैसी वृद्धि हुई, वैसी कहीं नहीं हुई।

दूसरी ओर यह हुआ कि धर्म के इन असंख्य विभेदों को रखने के लिए एक स्थिर बिंदु की आवश्यकता हुई और भारतवर्ष में समाज ही एक ऐसा बिंदु माना गया। परिणामस्वरूप समाज कड़ा और कठोर तथा प्रायः अचल बन गया। कारण यह है कि यह स्वाधीनता की उन्नति का एकमात्र उपाय है। इसके विपरीत पाश्चिमात्य देशों में विभिन्न भावों के विकास का क्षेत्र समाज था और स्थिर बिंदु था—धर्म। मतैक्य ही यूरोपीय धर्म का मूलमंत्र बन गया और अभी भी है। और प्रत्येक नए परिवर्तन को अपने लिए थोड़ा भी स्थान प्राप्त करने के लिए रक्त की नदी में से तैरकर जाना पड़ता है। परिणामस्वरूप वहाँ सामाजिक संगठन तो अपूर्व है, परंतु धर्म अत्यंत स्थूल जड़वाद से आगे नहीं बढ़ सका।

*आज पश्चिम तो अपनी आवश्यकताओं के विषय में जाग्रत् हो रहा है और पाश्चात्य ईश्वरतत्त्वान्वेषियों का मूलमंत्र 'मनुष्य का सच्चा स्वरूप' और 'आत्मा' हो गया है। संस्कृत दर्शन का विद्यार्थी जानता है कि वायु किधर से बह रही है। शक्ति कहीं से भी आए, कोई आपत्ति नहीं, पर हाँ, जब तक कि वह नवीन जीवन का संचार करती रहे।*

आज पश्चिम तो अपनी आवश्यकताओं के विषय में जाग्रत् हो रहा है और पाश्चात्य ईश्वरतत्त्वान्वेषियों का मूलमंत्र 'मनुष्य का सच्चा स्वरूप' और 'आत्मा' हो गया है। संस्कृत दर्शन का विद्यार्थी जानता है कि वायु किधर से बह रही है। शक्ति कहीं से भी आए, कोई आपत्ति नहीं, पर हाँ, जब तक कि वह नवीन जीवन का संचार करती रहे।

उसी समय भारतवर्ष में नई परिस्थितियों के कारण सामाजिक संगठन के पुनः संशोधन की आवश्यकता विशेष रूप से प्रतीत होने लगी। पिछले सौ वर्षों में सुधार-सभाओं और सुधारकों की बहुत चहल-पहल रही है, पर शोक की बात है कि उनमें से प्रत्येक यत्न असफल रहा। उन लोगों को समाज-सुधार का यथार्थ रहस्य विदित नहीं था। उन्होंने यथार्थ में सीखने लायक बड़ी बात

को नहीं सीखा। उतावलेपन में उन लोगों ने हमारे समाज के सारे दोषों का उत्तरदायित्व धर्म के मत्थे मढ़ दिया और कथा में वर्णित अपने मित्र के कपाल पर बैठे हुए मच्छर को मारने की इच्छा करनेवाले मनुष्य की तरह अपने मित्र और मच्छर दोनों को शायद उन्होंने एक साथ ही मार डाला होता, परंतु सौभाग्य से यहाँ तो वे स्वयं ही अचल चट्टानों पर जाकर टकराए और उस टकराने की चोट से अपना ही अस्तित्व खो बैठे। उन उदार, निस्स्वार्थ आत्माओं के कृतज्ञ है, जो अपने विपथगामी प्रयत्नों में श्रम उठाते हुए असफल रहे। उनके सुधार के प्रति उत्साहरूपी वैद्युतिक आघातों की उस निद्रामग्न समाजरूपी कुंभकर्ण को अत्यंत आवश्यकता थी, पर वे पूर्णत: विनाशात्मक थे, रचनात्मक नहीं और इसी कारण मरणशील थे, अत: मर भी गए।

चलिए, हम उन्हें आशीर्वाद दें और उनके अनुभव से लाभ उठाएँ। उन्होंने यह पाठ नहीं पढ़ा कि विकास का भीतर से आरंभ होकर बाहर उसकी परिणति होती है और सभी क्रमविकास पूर्ववर्ती किसी क्रमसंकोच का पुनर्विकास मात्र है। वे यह नहीं जान पाए कि बीज अपने चारों ओर के तत्त्वों से उपादान ग्रहण करता है, पर वृक्ष तो वह अपनी ही प्रकृति का उत्पन्न करेगा। जब तक संपूर्ण हिंदू जाति निर्मूल न हो जाए और उसकी भूमि को नई जाति अधिकृत न कर ले, तब तक समाज के ऐसे विप्लवकारी संस्कार संभव नहीं हैं। चाहे पूर्व प्रयत्न करे, चाहे पश्चिम, भारत कभी यूरोप नहीं बन सकता, जब तक कि वह मर-मिट न जाए।

*हम उन्हें आशीर्वाद दें और उनके अनुभव से लाभ उठाएँ। उन्होंने यह पाठ नहीं पढ़ा कि विकास का भीतर से आरंभ होकर बाहर उसकी परिणति होती है और सभी क्रमविकास पूर्ववर्ती किसी क्रमसंकोच का पुनर्विकास मात्र है। वे यह नहीं जान पाए कि बीज अपने चारों ओर के तत्त्वों से उपादान ग्रहण करता है, पर वृक्ष तो वह अपनी ही प्रकृति का उत्पन्न करेगा।*

और क्या वह कभी मर जाएगा?

वह भारत, जो प्राचीन काल से सभी उदात्तता, नीति और आध्यात्मिकता का जन्मस्थान रहा है, वह देश, जिसमें ऋषिगण विचरण करते रहे हैं, जिस भूमि

में देवतुल्य मनुष्य अभी भी जीवित और जाग्रत् हैं, क्या मर जाएगा? भाइयो! मैं उस यूनानी ऋषि डायोजीनिस की लालटेन को उधार लेकर आपके पीछे-पीछे इस विशाल संसार के शहरों, ग्रामों मैदानों और जंगलों को चलूँगा, मुझे अगर आप दिखा सकते हों तो ऐसे पुरुष दूसरे देशों में भी दिखा दीजिए। सत्य ही कहा है, "वृक्ष की पहचान उसके फलों से ही होती है।" भारतवर्ष में प्रत्येक आम्रवृक्ष के नीचे जाइए और जमीन पर गिरे हुए कच्चे, कीड़े लगे हुए फलों को बोरे में भरकर ले आइए और उनमें से प्रत्येक फल पर अत्यंत विद्वत्तापूर्ण सैकड़ों पुस्तकें लिख डालिए, परंतु इतने पर भी आप एक भी आम फल का यथार्थ वर्णन नहीं कर पाएँगे। अच्छा, अब आप एक रसीला, मीठा, पूरा पका हुआ आम उस पेड़ पर से तोड़ लीजिए और तब आप आम सचमुच क्या है, यह पूरा-पूरा जान गए।

उस तरह से मानवरूपधारी ईश्वर हिंदूधर्म के यथार्थ स्वरूप का परिचय दे रहे हैं। वे उस जातिरूप वृक्ष की प्रकृति, शक्ति और संभावनाओं को स्पष्ट रूप से प्रकाशित करते हैं। वह जातिवृक्ष ऐसा है कि उसने कई शताब्दियों की सभ्यता देखी है। उस वृक्ष ने सहस्त्रों वर्षों तक झंझावात के आघातों को सहन किया, फिर और भी सनातन यौवन की अक्षुण्ण शक्तियों से भरा हुआ खड़ा है।

*उस तरह से मानवरूपधारी ईश्वर हिंदूधर्म के यथार्थ स्वरूप का परिचय दे रहे हैं। वे उस जातिरूप वृक्ष की प्रकृति, शक्ति और संभावनाओं को स्पष्ट रूप से प्रकाशित करते हैं। वह जातिवृक्ष ऐसा है कि उसने कई शताब्दियों की सभ्यता देखी है। उस वृक्ष ने सहस्त्रों वर्षों तक झंझावात के आघातों को सहन किया, फिर और भी सनातन यौवन की अक्षुण्ण शक्तियों से भरा हुआ खड़ा है।*

क्या भारत मर जाएगा? तब तो संसार से सारी आध्यात्मिकता का समूल नाश हो जाएगा, सारे सदाचारपूर्ण आदर्श जीवन का विनाश हो जाएगा, धर्मों के प्रति सारी मधुर सहानुभूति नष्ट हो जाएगी, सारी भावुकता का भी लोप हो जाएगा और उसके स्थान पर कामरूपी देव और विलासितारूपी देवी राज्य करेगी। धन उसका पुरोहित होगा, प्रताड़ना, पाशविक बल और प्रतिद्वंद्विता, ये

ही उनकी पूजा-पद्धति होगी और मानव-आत्मा उनकी बलि-सामग्री हो जाएगी। ऐसी दुर्घटना कभी हो नहीं सकती। क्रियाशक्ति की अपेक्षा सहनशक्ति कई गुना बड़ी होती है। प्रेम का बल, घृणा के बल की अपेक्षा अनंत गुणा अधिक है। जो समझते हैं कि हिंदू धर्म का वर्तमान पुनरुत्थान देशभक्ति की प्रवृत्ति का विकास मात्र है, वे भ्रम में हैं।

आइए, सर्वप्रथम हम इस अद्भुत घटना को समझने का प्रयत्न करें।

क्या यह आश्चर्य की बात नहीं है कि जब वर्तमान वैज्ञानिक खोज के प्रबल आक्रमण के सामने पाश्चिमात्य स्वमतांध धर्मों के पुराने किले टूट-टूटकर धूल में मिल रहे हैं, जबकि आधुनिक विज्ञान के हथौड़ों की चोटें उन धार्मिक मतों को चीनी मिट्टी के बरतनों की तरह चूर-चूर कर रही हैं, जिनका आधार केवल विश्वास या चर्चा-समिति की सभाओं का बहुमत है, जबकि पाश्चात्य धर्मसमूह अत्युग्र आधुनिक विचारों की बढ़ती हुई तरंग के साथ मेल मिलाने में अपनी बुद्धि का दिवाला निकाल चुका है, जबकि अन्य धर्मों के मूल ग्रंथों के वाक्यों की, आधुनिक विचारों के नित्य बढ़नेवाले दबाव के कारण जहाँ तक बन पड़ा, अत्यंत खींचातानी की गई। उनमें से अधिकांश तो इस खींचातानी में टूट गए और रद्दीखाने में डाल दिए गए, जबकि पश्चिम के अधिकांश विचारशील व्यक्ति चर्च के साथ अपना संबंध तोड़कर अशांतिसागर में इतस्ततः बह रहे हैं, उस समय भी वेदरूपी ज्ञान के झरने से जीवनामृत पीनेवाले वेदों से उत्पन्न केवल हिंदू और बौद्ध धर्म ही पुनरुज्जीवित हो रहे हैं।

*क्या यह आश्चर्य की बात नहीं है कि जब वर्तमान वैज्ञानिक खोज के प्रबल आक्रमण के सामने पाश्चिमात्य स्वमतांध धर्मों के पुराने किले टूट-टूटकर धूल में मिल रहे हैं, जबकि आधुनिक विज्ञान के हथौड़ों की चोटें उन धार्मिक मतों को चीनी मिट्टी के बरतनों की तरह चूर-चूर कर रही हैं...*

पश्चिम के अशांत हृदय नास्तिक और अज्ञेयवादी को गीता और धर्मपद में ही ऐसा स्थान मिलता है, जहाँ उनका चित्त शांति पाता है।

अब पासे पलट गए। जो हिंदू निराशा के आँसू बहाता हुआ अपने पुराने

निवासगृह को आततायियों द्वारा प्रज्वलित अग्नि से परिवेष्टित देख रहा था, वह आज, जबकि आधुनिक विचार के शोधक प्रकाश ने धुएँ के अंधकार को हटा दिया है, तब वही हिंदू देख रहा है कि उसी का घर तो अपनी पूरी दृढ़ता के साथ खड़ा हुआ है और शेष सब लोग या तो मर-मिटे या अपने-अपने घर हिंदू नमूने के अनुसार नए सिरे से बना रहे हैं। यह देखकर उस हिंदू ने अपने आँसू पोंछ डाले और यह जान लिया कि "ऊर्ध्वमूल अध:शाख अश्वत्थ" को जड़ तक काटने की कोशिश करनेवाली वह कुल्हाड़ी चीर-फाड़ करनेवाले चिकित्सक सर्जन की हितकारक छुरी ही साबित हुई।

उसने यह देख लिया कि अपने धर्म की रक्षा के लिए न तो उसे शास्त्र-वाक्यों को तोड़-मोड़ करना है और न किसी अन्य प्रकार की बौद्धिक बेईमानी ही। इतना ही नहीं, वह तो अपने शास्त्रों में जो कुछ भिन्न श्रेणी का है, उसे निम्न ही कहकर स्वीकार कर सकता है, क्योंकि शास्त्रकारों ने निम्नतर के अधिकारियों के लिए अरुंधती-दर्शन न्याय के अनुसार वैसा ही जानबूझकर रखा है। धन्य हैं वे पुरातन ऋषि, जिन्होंने ऐसी सर्वव्यापी, सदा विस्तारशील धर्मप्रणाली का आविष्कार किया है, जिसमें भौतिक क्षेत्र में आज तक जो आविष्कार हो चुके हैं और जो कुछ भी भविष्य में होनेवाले हैं, उन सबका सादर समावेश हो सकता है। अब तो हिंदू अपने शास्त्रों का आदर पुन: नए भाव से करने लगा है और उसने यह नई जानकारी प्राप्त की है कि जो वैज्ञानिक आविष्कार प्रत्येक मर्यादित छोटी-छोटी धर्मप्रणाली के लिए घातक सिद्ध हुए, वे सब उसके पूर्वजों के ध्यानलब्ध तुरीय अवस्था में पाए गए सत्यों के ही बुद्धि और इंद्रियजन्य व्यावहारिक ज्ञानक्षेत्र में पुनराविष्कार मात्र हैं।

*उसने यह देख लिया कि अपने धर्म की रक्षा के लिए न तो उसे शास्त्र-वाक्यों को तोड़-मोड़ करना है और न किसी अन्य प्रकार की बौद्धिक बेईमानी ही। इतना ही नहीं, वह तो अपने शास्त्रों में जो कुछ भिन्न श्रेणी का है, उसे निम्न ही कहकर स्वीकार कर सकता है, क्योंकि शास्त्रकारों ने निम्नतर के अधिकारियों के लिए अरुंधती-दर्शन न्याय के अनुसार वैसा ही जानबूझकर रखा है।*

अतः उसे न तो किसी वस्तु का त्याग ही करना है और न किसी वस्तु को प्राप्त करने के लिए इधर-उधर भटकना ही है, वरन् उसके लिए इतना ही पर्याप्त है कि वह अपने पूर्वजों से उत्तराधिकार में पाए हुए अनंत कोष में से केवल थोड़ा सा निकालकर अपने उपयोग में लाए और उनसे अपनी आवश्यकता की पूर्ति करे। उसने ऐसा करना आरंभ कर दिया है तथा भविष्य में यह और अधिकाधिक करेगा। क्या यही इस पुनरुत्थान का सच्चा कारण नहीं है?

बंगाल के नवयुवको! तुम लोगों से मेरा विशेष अनुरोध है। भाइयो! हमें यह जानकर लज्जा होती है कि जिन बहुतेरे वास्तविक दोषों के कारण विदेशी लोग हिंदू जाति को बदनाम करते हैं, उन दोषों का कारण हम ही हैं। हम ही भारतवर्ष को अन्य जातियों के सिर पर बरसनेवाली अनुचित गालियों के कारण हैं। पर ईश्वर को धन्यवाद है कि हम लोग इस बात को पूर्णतया जान गए हैं और उसी ईश्वर के आशीर्वाद से न केवल अपने को ही शुद्ध कर लेंगे, वरन् सारे भारतवर्ष को सनातन धर्म द्वारा उपदिष्ट आदर्शों के प्राप्त करने में सहायता देंगे।

*बंगाल के नवयुवको! तुम लोगों से मेरा विशेष अनुरोध है। भाइयो! हमें यह जानकर लज्जा होती है कि जिन बहुतेरे वास्तविक दोषों के कारण विदेशी लोग हिंदू जाति को बदनाम करते हैं, उन दोषों का कारण हम ही हैं। हम ही भारतवर्ष को अन्य जातियों के सिर पर बरसनेवाली अनुचित गालियों के कारण हैं।*

सर्वप्रथम तो हमें उस चिह्न, ईर्ष्यारूपी कलंक को, जिसे गुलामों के ललाट में प्रकृति सदैव लगा दिया करती है, धो डालना चाहिए। किसी से ईर्ष्या मत करो। भलाई का काम करनेवाले प्रत्येक को अपने हाथ का सहारा दो। तीनों लोकों के जीवमात्र के लिए शुभकामना करो। अपने धर्म के उसी एक केंद्रवर्ती सत्य पर खड़े हो जाओ, जो हिंदू, बौद्ध और जैनियों के लिए पैतृक संपत्ति है। वह सत्य है मनुष्य की आत्मा—अज, अविनाशी, सर्वव्यापी, अनंत, मानवात्मा, जिसकी महिमा वेद भी वर्णन नहीं कर सकते। जिसके वैभव के सामने सूर्य-चंद्र, तारागण और नक्षत्र-समूहों के साथ सारा विश्व एक बिंदुवत् है। प्रत्येक स्त्री-पुरुष, यही

नहीं, उच्चतम देवों से लेकर पदतलस्थ कीटपर्यंत सभी वही आत्मा विकसित या अविकसित है। अंतर प्रकार में नहीं, केवल परिणाम में है।

आत्मा की इस अनंत शक्ति का प्रयोग जड़ वस्तु पर होने से भौतिक उन्नति होती है, विचार पर होने से बुद्धि का विकास होता है और अपने ही पर होने से मनुष्य ईश्वर बन जाता है। पहले हमें ईश्वर बन लेने दो। तत्पश्चात् दूसरों को ईश्वर बनाने में सहायता देंगे। 'बनो और बनाओ' यही हमारा मूलमंत्र रहे।

*यदि कोठरी में अंधकार है तो सदा अंधकार का अनुभव करते रहने और 'अंधकार-अंधकार' चिल्लाते रहने से तो वह दूर नहीं होगा, बल्कि प्रकाश को भीतर ले आइए, तब वह दूर हो जाएगा। यह तो हमें समझ लेना चाहिए कि जो कुछ भी अभावात्मक है, विनाशकारी है और जो केवल दोष देखनेवाला है, उसका अंत अवश्यंभावी है तथा जो भावात्मक, सत्यात्मक एवं रचनात्मक है, वही अमर है और वही सदा रहेगा।*

ऐसा न कहो कि मनुष्य पापी है। उसे यह बताओ कि तू ब्रह्म है। यदि कोई शैतान हो तो भी हमारा कर्तव्य यही है कि हम ब्रह्म का ही स्मरण करें, शैतान का नहीं।

यदि कोठरी में अंधकार है तो सदा अंधकार का अनुभव करते रहने और 'अंधकार-अंधकार' चिल्लाते रहने से तो वह दूर नहीं होगा, बल्कि प्रकाश को भीतर ले आइए, तब वह दूर हो जाएगा। यह तो हमें समझ लेना चाहिए कि जो कुछ भी अभावात्मक है, विनाशकारी है और जो केवल दोष देखनेवाला है, उसका अंत अवश्यंभावी है तथा जो भावात्मक, सत्यात्मक एवं रचनात्मक है, वही अमर है और वही सदा रहेगा। हम यही कहें—'हम हैं', 'ईश्वर हैं' और 'हम ईश्वर हैं।' 'शिवोऽहम् शिवोऽहम्' कहते हुए आगे बढ़ते चलिए। जड़ नहीं, वरन् चैतन्य हमारा लक्ष्य है। नाम और रूपवाले सभी नामरूपहीन सत्ता के अधीन हैं। इसी सनातन सत्य की शिक्षा श्रुति दे रही है। प्रकाश को ले आइए, अंधकार अपने आप ही नष्ट हो जाएगा। वेदांत केसरी गर्जना करे सियार अपने-अपने बिलों में छिप जाएँगे। भावों को सब ओर बिखेर दीजिए और फल अपने आप होता रहेगा। भिन्न-भिन्न रासायनिक द्रव्यों को

एक साथ डाल दीजिए, उसकी सम्मिश्रण-क्रिया अपने आप ही होती रहेगी। आत्मा की शक्ति का विकास कीजिए और सारे भारतवर्ष के विस्तृत क्षेत्र में उसे डाल दीजिए तथा जिस स्थिति की आवश्यकता है, वह अपने आप ही प्राप्त हो जाएगी।

अपने आभ्यंतरिक ब्रह्मभाव को प्रकट कीजिए तो उसके चारों ओर सबकुछ अनुकूल रूप में जुट जाएँगे। वेदों में बताए हुए इंद्र और विरोचन के उदाहरण को स्मरण रखिए, दोनों को अपने ब्रह्मत्व का बोध कराया गया था, परंतु असुर विरोचन अपनी देह को ही ब्रह्म मान बैठा। इंद्र तो देवता थे और वे समझ गए कि वास्तव में आत्मा ही ब्रह्म है। आप तो इंद्र की संतान हैं। आप देवताओं के वंशज हैं। जड़ पदार्थ आपका ईश्वर कदापि नहीं हो सकता, शरीर आपका ईश्वर कभी नहीं हो सकता।

*भारतवर्ष का पुनरुत्थान होगा, पर वह जड़ की शक्ति से नहीं, वरन् आत्मा की शक्ति द्वारा। वह उत्थान विनाश की ध्वजा लेकर नहीं, वरन् शांति और प्रेम की ध्वजा से संन्यासियों के वेश में, धन की शक्ति से नहीं, बल्कि भिक्षापात्र की शक्ति से संपादित होगा। ऐसा मत कहो कि हम दुर्बल हैं, कमजोर हैं। आत्मा सर्वशक्तिमान है।*

भारतवर्ष का पुनरुत्थान होगा, पर वह जड़ की शक्ति से नहीं, वरन् आत्मा की शक्ति द्वारा। वह उत्थान विनाश की ध्वजा लेकर नहीं, वरन् शांति और प्रेम की ध्वजा से संन्यासियों के वेश में, धन की शक्ति से नहीं, बल्कि भिक्षापात्र की शक्ति से संपादित होगा। ऐसा मत कहो कि हम दुर्बल हैं, कमजोर हैं। आत्मा सर्वशक्तिमान है। श्री रामकृष्ण के चरणों के दैवी-स्पर्श से जिनका अभ्युदय हुआ है, उन मुट्ठी भर नवयुवकों की ओर देखो। उन्होंने उनके उपदेशों का प्रचार असम से सिंध तक और हिमालय में कन्याकुमारी तक कर डाला। वे लोग हिमालय पर्वत को बीस हजार फीट की ऊँचाई पर से पैदल ही बर्फ पर से लाँघकर तिब्बत के रहस्यमय प्रदेश में प्रविष्ट हो गए। उन्होंने अपनी रोटी भिक्षा द्वारा प्राप्त की और अपने अंग चिथड़ों से ढके। उन पर कितने ही अत्याचार किए गए, पुलिस ने उनका पीछा किया, वे जेलखाने

में डाले गए, पर अंत में जब सरकार को उनकी निर्दोषिता का निश्चय हो गया, तब वे मुक्त कर दिए गए।

उनकी संख्या अभी बीस है। कल उनकी संख्या दो हजार बना दो। बंगदेश के युवको! तुम्हारे देश को इसकी आवश्यकता है। सारे संसार को इसकी आवश्यकता है। अपने अंत:स्थित ब्रह्म को जगाओ, जो तुम्हें क्षुधा-तृष्णा, शीत-उष्ण सहन करने में समर्थ बना देगा। विलासपूर्ण भवनों में बैठे-बैठे जीवन की सभी सुख-सामग्री से घिरे हुए रहना और धर्म की थोड़ी सी चर्चा कर लेना अन्य देशों में भले ही शोभा दे, पर भारतवर्ष को तो स्वभावत: सत्य की इससे कहीं अधिक पहचान है। वह तो प्रकृति से ही अधिक सत्यप्रेमी है। भारतवासी कपटवेश को एकदम अपनी अंत:शक्ति से ही ताड़ जाता है।

आप लोग त्याग करें, महान् बनें। कोई भी बड़ा कार्य बिना त्याग के नहीं किया जा सकता। स्वयं 'पुरुष' ने भी सृष्टि की रचना करने के लिए स्वार्थ त्याग किया, अपने को बलि दिया। अपने आरामों का, अपने सुखों का, अपने नाम, यश और पदों का, इतना ही नहीं, अपने जीवन तक का, त्याग करो और मनुष्यरूपी श्रृंखला से ऐसा पुल बनाओ, जिस पुल पर से करोड़ों लोग इस संसार-सागर को पार कर जाएँ। समस्त मंगलकारी शक्तियों को एकत्र करो। जिस ध्वजा के नीचे तुम अग्रसर हो रहे हो, इसकी परवाह मत करो। तुम्हारी ध्वजा का रंग हरा, नीला या लाल कुछ भी हो, उसकी परवाह मत करो, बल्कि सभी रंगों को एक में मिला दो और उससे उस अत्युज्ज्वल श्वेत रंग का निर्माण करो, जो कि प्रेम का रंग है। हमें तो कर्म ही करना है,

*आप लोग त्याग करें, महान् बनें। कोई भी बड़ा कार्य बिना त्याग के नहीं किया जा सकता। स्वयं 'पुरुष' ने भी सृष्टि की रचना करने के लिए स्वार्थ त्याग किया, अपने को बलि दिया। अपने आरामों का, अपने सुखों का, अपने नाम, यश और पदों का, इतना ही नहीं, अपने जीवन तक का, त्याग करो और मनुष्यरूपी श्रृंखला से ऐसा पुल बनाओ, जिस पुल पर से करोड़ों लोग इस संसार-सागर को पार कर जाएँ।*

फल अपने आप होता रहेगा। यदि कोई सामाजिक बंधन तुम्हारे ईश्वर-प्राप्ति के मार्ग में बाधक है तो आत्मशक्ति के सामने वह अपने आप ही टूट जाएगा। भविष्य मुझे दिखता नहीं और मैं उसे देखने की परवाह भी नहीं करता। परंतु मैं अपने सामने यह एक सजीव दृश्य तो अवश्य देख रहा हूँ कि हमारी यह वृद्ध माता पुनः एक बार जाग्रत् होकर अपने सिंहासन पर नवयौवनपूर्ण और पूर्व की अपेक्षा अधिक महामहिमान्वित होकर विराजी हैं। शांति और आशीर्वाद के वचनों के साथ सारे संसार में उनके नाम की घोषणा कर दो।

□

# भारत का भविष्य

यह वही प्राचीन भूमि है, जहाँ दूसरे देशों में जाने से पहले तत्त्वज्ञान ने आकर अपनी वासभूमि बनाया था। यह वही भारत है, जहाँ के आध्यात्मिक प्रवाह का स्थूल प्रतिरूप उसके बहनेवाले समुद्राकार नद हैं, जहाँ चिरंतन हिमालय श्रेणीबद्ध उठा हुआ अपने हिमशिखरों द्वारा मानो स्वर्गराज्य के रहस्यों की ओर निहार रहा है। यह वही भारत है, जिसकी भूमि पर संसार के सर्वश्रेष्ठ ऋषियों की चरणरज पड़ चुकी है। यहीं सबसे पहले मनुष्य-प्रकृति तथा अंतर्जगत् के रहस्योद्घाटन की जिज्ञासाओं के अंकुर उगे थे। आत्मा का अमरत्व, अंतर्यामी ईश्वर एवं जगत्प्रपंच तथा मनुष्य के भीतर सर्वव्यापी परमात्मा विषयक मतवादों का पहले-पहल यहीं उद्भव हुआ था। और यहीं धर्म और दर्शन के आदर्शों ने अपनी चरम उन्नति प्राप्त की थी। यह वही भूमि है, जहाँ से उमड़ती हुई बाढ़ की तरह धर्म तथा दार्शनिक तत्त्वों ने समग्र संसार को बार-बार प्लावित कर दिया और यही वह भूमि है, जहाँ से पुन: ऐसी ही तरंगें उठकर निस्तेज जातियों में शक्ति व जीवन का संचार कर देंगी। यह वही भारत है, जो शताब्दियों के आघात, विदेशियों के शत-शत आक्रमण और सैकड़ों आचार-व्यवहारों के विपर्यय सहकर भी अक्षय बना हुआ है। यह वही भारत है, जो अपने अविनाशी वीर्य और जीवन के साथ अब तक पर्वत से भी दृढतर भाव से खड़ा है। आत्मा जैसे अनादि, अनंत और अमृतस्वरूप है, वैसे ही हमारी भारतभूमि का जीवन है तथा हम इसी देश की संतानें हैं।

भारत की संतानो! तुमसे आज मैं यहाँ कुछ व्यावहारिक बातें कहूँगा और

तुम्हें तुम्हारे पूर्व गौरव की याद दिलाने का उद्देश्य केवल इतना ही है। कितनी ही बार मुझसे कहा गया है कि अतीत की ओर नजर डालने से सिर्फ मन की अवनति ही होती है और इससे कोई फल नहीं मिलता; अतः हमें भविष्य की ओर दृष्टि रखनी चाहिए। यह सच है, परंतु अतीत से ही भविष्य का निर्माण होता है। अतः जहाँ तक हो सके, अतीत की ओर देखो, पीछे जो चिरंतन निर्झर बह रहा है, आकंठ उसका जल पीओ और उसके बाद सामने देखो तथा भारत को उज्ज्वलतर, महत्तर एवं पहले से और भी ऊँचा उठाओ। हमारे पूर्वज महान् थे। पहले यह बात हमें याद करनी होगी। हमें समझना होगा कि हम किन उपादानों से बने हैं, कौन सा खून हमारी नसों में बह रहा है। उस खून पर हमें विश्वास करना होगा और अतीत के उसके कृतित्व पर भी, इस विश्वास एवं अतीत गौरव के ज्ञान से हम अवश्य एक ऐसे भारत की नींव डालेंगे, जो पहले से श्रेष्ठ होगा। अवश्य ही यहाँ बीच-बीच में दुर्दशा और अवनति के युग भी रहे हैं, पर उनको मैं अधिक महत्त्व नहीं देता। हम सभी उसके विषय में जानते हैं। ऐसे युगों का होना आवश्यक था। किसी विशाल वृक्ष से एक सुंदर पका हुआ फल पैदा हुआ। फल जमीन पर गिरा, मुरझाया और सड़ा। इस विनाश से जो अंकुर उगा, संभव है कि वह पहले के वृक्ष से बड़ा हो जाए। अवनति के जिस युग के भीतर से हमें गुजरना पड़ा, वे सभी आवश्यक थे। इसी अवनति के भीतर से भविष्य का भारत आ रहा है, वह अंकुरित हो चुका है, उसके नए पल्लव निकल चुके हैं और उस शक्तिधर विशालकाय ऊर्ध्वमूल वृक्ष का निकलना शुरू हो चुका है। उसी के संबंध में मैं तुमसे कहने जा रहा हूँ।

> ***भारत की संतानो! तुमसे आज मैं यहाँ कुछ व्यावहारिक बातें कहूँगा और तुम्हें तुम्हारे पूर्व गौरव की याद दिलाने का उद्देश्य केवल इतना ही है। कितनी ही बार मुझसे कहा गया है कि अतीत की ओर नजर डालने से सिर्फ मन की अवनति ही होती है और इससे कोई फल नहीं मिलता; अतः हमें भविष्य की ओर दृष्टि रखनी चाहिए।***

किसी भी दूसरे देश की अपेक्षा भारत की समस्याएँ अधिक जटिल और

गुरुतर हैं। जाति, धर्म, भाषा, शासन-प्रणाली, ये ही एक साथ मिलकर एक राष्ट्र कहलाते हैं। यदि एक-एक जाति को लेकर हमारे राष्ट्र से तुलना की जाए तो हम देखेंगे कि जिन उपादानों से संसार के दूसरे राष्ट्र संगठित हुए हैं, वे संख्या में यहाँ के उपादानों से कम हैं। यहाँ आर्य हैं, द्रविड हैं, तातार हैं, तुर्क हैं, मुगल हैं, यूरोपीय हैं, मानो संसार की सभी जातियाँ इस भूमि में अपना-अपना खून मिला रही हैं। भाषा का यहाँ एक विचित्र ढंग का जमावड़ा है। आचार-व्यवहारों के संबंध में दो भारतीय जातियों में जितना अंतर है, उतना पूर्वी और यूरोपीय जातियों में नहीं।

*हमारी एकमात्र सम्मिलन भूमि है, हमारी पवित्र परंपरा, हमारा धर्म। एकमात्र सामान्य आधार वही है और उसी पर हमें संगठन करना होगा। यूरोप में राजनीतिक विचार ही राष्ट्रीय एकता का कारण है। किंतु एशिया में राष्ट्रीय ऐक्य का आधार धर्म ही है, अतः भारत के भविष्य-संगठन की पहली शर्त के तौर पर उसी धार्मिक एकता की आवश्यकता है।*

हमारी एकमात्र सम्मिलन भूमि है, हमारी पवित्र परंपरा, हमारा धर्म। एकमात्र सामान्य आधार वही है और उसी पर हमें संगठन करना होगा। यूरोप में राजनीतिक विचार ही राष्ट्रीय एकता का कारण है। किंतु एशिया में राष्ट्रीय ऐक्य का आधार धर्म ही है, अतः भारत के भविष्य-संगठन की पहली शर्त के तौर पर उसी धार्मिक एकता की आवश्यकता है। देश भर में एक ही धर्म सबको स्वीकार करना होगा। एक ही धर्म से मेरा क्या मतलब है ? यह उस तरह का एक ही धर्म नहीं, जिसका ईसाइयों, मुसलमानों या बौद्धों में प्रचार है। हम जानते हैं, हमारे विभिन्न संप्रदायों के सिद्धांत तथा दावे चाहे कितने ही विभिन्न क्यों न हों, हमारे धर्म में कुछ सिद्धांत ऐसे हैं, जो सभी संप्रदायों द्वारा मान्य हैं। इस तरह हमारे संप्रदायों के ऐसे कुछ सामान्य आधार अवश्य हैं। उनको स्वीकार करने पर हमारे धर्म में अद्भुत विविधता के लिए गुंजाइश हो जाती है और साथ ही विचार तथा अपनी रुचि के अनुसार जीवननिर्वाह के लिए हमें संपूर्ण स्वाधीनता प्राप्त हो जाती है। हम लोग, कम-से-कम वे, जिन्होंने इस पर विचार किया है, यह बात जानते हैं और अपने धर्म के ये जीवनप्रद सामान्य

तत्त्व हम सबके सामने लाएँ और देश के सभी स्त्री-पुरुष, बाल वृद्ध, उन्हें जाने-समझें तथा जीवन में उतारें। यही हमारे लिए आवश्यक हैं, सर्वप्रथम यही हमारा कार्य है।

मेरा विचार है कि पहले हमारे शास्त्रग्रंथों में भरे पड़े आध्यात्मिकता के रत्नों को, जो कुछ ही मनुष्यों के अधिकार में मठों और अरण्यों में छिपे हुए हैं, बाहर लाना होगा। जिन लोगों के अधिकार में ये छिपे हुए हैं, केवल उन्हीं से इस ज्ञान का उद्धार करना पर्याप्त नहीं होगा, वरन् उससे भी दुर्भेद्य पेटिका, अर्थात् जिस भाषा में ये सुरक्षित हैं, उस संस्कृत भाषा के शताब्दियों के पर्त खाए हुए अभेद्य शब्दजाल से उन्हें निकालना होगा। तात्पर्य यह है कि मैं उन्हें सबके लिए सुलभ कर देना चाहता हूँ। मैं इन तत्त्वों को निकालकर सबकी, भारत के प्रत्येक मनुष्य की सामान्य संपत्ति बनाना चाहता हूँ, चाहे वह संस्कृत जानता हो या नहीं। इस मार्ग की बहुत बड़ी कठिनाई हमारी गौरवशाली संस्कृत भाषा ही है और यह कठिनाई तब तक दूर नहीं हो सकती, जब कठिनाई तुम्हारी समझ में न आ जाएगी, जब मैं कहूँगा कि आजीवन इस संस्कृत भाषा का अध्ययन करके नई जान पड़ती है। अब सोचो कि जिन लोगों ने कभी विशेष रूप से इस भाषा का अध्ययन करने का समय नहीं पाया, उनके लिए यह भाषा कितनी अधिक क्लिष्ट होगी! अत: मनुष्यों की बोलचाल की भाषा में उन विचारों की शिक्षा देनी होगी।

*मेरा विचार है कि पहले हमारे शास्त्रग्रंथों में भरे पड़े आध्यात्मिकता के रत्नों को, जो कुछ ही मनुष्यों के अधिकार में मठों और अरण्यों में छिपे हुए हैं, बाहर लाना होगा। जिन लोगों के अधिकार में ये छिपे हुए हैं, केवल उन्हीं से इस ज्ञान का उद्धार करना पर्याप्त नहीं होगा, वरन् उससे भी दुर्भेद्य पेटिका, अर्थात् जिस भाषा में ये सुरक्षित हैं, उस संस्कृत भाषा के शताब्दियों के पर्त खाए हुए अभेद्य शब्दजाल से उन्हें निकालना होगा।*

'अथर्ववेद संहिता' की एक विलक्षण ऋचा याद आती है, जिसमें कहा गया है—"तुम सब लोग एक-मन हो जाओ, सब लोग एक ही विचार के बन

जाओ, क्योंकि प्राचीन काल में एक-मन होने के कारण ही देवताओं ने बलि पाई है।" देवता मनुष्य द्वारा इसीलिए पूजे गए कि वे एकचित्त थे, एक-मन हो जाना ही समाजगठन का रहस्य है। और यदि तुम 'आर्य' व 'द्रविड', 'ब्राह्मण' एवं 'अब्राह्मण' जैसे तुच्छ विषयों को लेकर 'तू-तू, मैं-मैं' करोगे, झगड़े और पारस्परिक विरोधभाव को बढ़ाओगे तो समझ लो कि तुम उस शक्ति-संग्रह से दूर हटते जाओगे, जिसके द्वारा भारत का भविष्य बनने जा रहा है। इस बात को याद रखो कि भारत का भविष्य संपूर्णत: उसी पर निर्भर करता है। बस, इच्छाशक्ति का संचय और उनका समन्वय कर उन्हें एकमुखी करना ही वह सारा रहस्य है। प्रत्येक चीनी अपनी शक्तियों को भिन्न-भिन्न मार्गों से परिचालित करता है, तथा मुट्ठी भर जापानी अपनी इच्छाशक्ति एक ही मार्ग से परिचालित करते हैं और उसका फल क्या हुआ है, यह तुम लोगों से छिपा नहीं है। इसी तरह की बात सारे संसार में देखने में आती हैं। यदि तुम संसार के इतिहास पर दृष्टि डालो तो तुम देखोगे कि सर्वत्र छोटे-छोटे संगठित राष्ट्र बड़े-बड़े असंगठित राष्ट्रों पर शासन कर रहे हैं। ऐसा होना स्वाभाविक है, क्योंकि छोटे संगठित राष्ट्र अपने भावों को आसानी के साथ केंद्रीभूत कर सकते हैं और इस प्रकार वे अपनी शक्ति को विकसित करने में समर्थ होते हैं। दूसरी ओर, जितना बड़ा राष्ट्र होगा, उतना ही संगठित करना कठिन होगा। वे मानो अनियंत्रित लोगों की भीड़ मात्र हैं, वे कभी परस्पर संबद्ध नहीं हो सकते। इसलिए ये सब मतभेद के झगड़े एकदम बंद हो जाने चाहिए।

*देवता मनुष्य द्वारा इसीलिए पूजे गए कि वे एकचित्त थे, एक-मन हो जाना ही समाजगठन का रहस्य है। और यदि तुम 'आर्य' व 'द्रविड', 'ब्राह्मण' एवं 'अब्राह्मण' जैसे तुच्छ विषयों को लेकर 'तू-तू, मैं-मैं' करोगे, झगड़े और पारस्परिक विरोधभाव को बढ़ाओगे तो समझ लो कि तुम उस शक्ति-संग्रह से दूर हटते जाओगे, जिसके द्वारा भारत का भविष्य बनने जा रहा है।*

आगामी पचास वर्ष के लिए यह जननी, जन्मभूमि भारतमाता ही हमारी

आराध्य देवी बन जाए। तब तक के लिए हमारे मस्तिष्क से व्यर्थ के देवी-देवताओं के हट जाने में कुछ भी हानि नहीं है। अपना सारा ध्यान इसी एक ईश्वर पर लगाओ, हमारा देश ही हमारा जाग्रत् देवता है। सर्वत्र उसके हाथ हैं, सर्वत्र उसके पैर हैं और सर्वत्र उसके कान हैं। समझ लो कि दूसरे देवी-देवता सो रहे हैं। जिन व्यर्थ के देवी-देवताओं को हम देख नहीं पाते, उनके पीछे तो हम बेकार दौड़ें और जिस विराट् देवता को हम अपने चारों ओर देख रहे हैं, उसकी पूजा ही न करें? जब हम इस प्रत्यक्ष देवता की पूजा कर लेंगे, तभी हम दूसरे देव-देवियों की पूजा करने योग्य होंगे, अन्यथा नहीं। आधा मील भी चलने की हममें शक्ति नहीं और हम हनुमानजी की तरह एक ही छलाँग में समुद्र पार करने की इच्छा करें, ऐसा नहीं हो सकता। जिसे देखो, वही योगी बनने की धुन में है। जिसे देखो वही समाधि लगाने जा रहा है! ऐसा नहीं होने वाला। दिन भर तो दुनिया के सैकड़ों प्रपंचों में लिप्त रहोगे, कर्मकांड में व्यस्त रहोगे और शाम को आँख मूँदकर, नाक दबाकर साँस चढ़ाओ-उतारोगे। क्या योग की सिद्धि और समाधि को इतना सहज समझ रखा है कि ऋषि लोग तुम्हारे तीन बार नाक फड़फड़ाने और साँस चढ़ाने से हवा में उड़ते हुए चले आएँगे? क्या इसे तुमने कोई हँसी-मजाक मान लिया है? ये सब विचार वाहियात हैं। हमें जिसकी आवश्यकता है, वह है चित्तशुद्धि। हृदय की पवित्रता और उसकी प्राप्ति कैसे होती है? इसके लिए सबसे पहले उस विराट् की पूजा करो, जिसे तुम अपने चारों ओर देख रहे हो। 'उसकी' पूजा करो। 'पूजा' ही ठीक शब्द है, किसी अन्य शब्द से काम नहीं चलेगा। ये मनुष्य और पशु, जिन्हें हम आसपास और आगे-पीछे देख रहे हैं, ये ही हमारे ईश्वर हैं। इनमें सबसे पहले पूज्य हैं—'हमारे अपने देशवासी'। परस्पर ईर्ष्या-द्वेष करने और झगड़ने के बजाय हमें उनकी पूजा करनी चाहिए। यह ईर्ष्या-द्वेष

*आगामी पचास वर्ष के लिए यह जननी, जन्मभूमि भारतमाता ही हमारी आराध्य देवी बन जाए। तब तक के लिए हमारे मस्तिष्क से व्यर्थ के देवी-देवताओं के हट जाने में कुछ भी हानि नहीं है। अपना सारा ध्यान इसी एक ईश्वर पर लगाओ, हमारा देश ही हमारा जाग्रत् देवता है।*

और कलह अत्यंत भयावह कर्म हैं। इसका फल हम भोग रहे हैं। फिर भी हमारी आँखें नहीं खुलतीं।

अस्तु यह विषय इतना विस्तृत है कि मेरी मसझ में ही नहीं आता कि मैं कहाँ पर अपना वक्तव्य समाप्त करूँ। इसलिए मद्रास में मैं किस प्रकार काम करना चाहता हूँ, इस विषय में संक्षेप में अपना मत व्यक्त करके व्याख्यान समाप्त करता हूँ। सबसे पहले हमें अपने देश की आध्यात्मिक और लौकिक शिक्षा का भार ग्रहण करना होगा। क्या तुम इस बात की सार्थकता को समझ रहे हो? तुम्हें इस विषय पर सोचना-विचारना होगा, इस पर तर्क-वितर्क और आपस में परामर्श करना होगा, दिमाग लगाना होगा तथा अंत में उसे कार्य रूप में परिणत करना होगा। जब तक तुम यह काम पूरा नहीं करते हो, तब तक तुम्हारे देश का उद्धार होना असंभव है। जो शिक्षा तुम अभी पा रहे हो, उसमें कुछ अच्छा अंश तो है, पर दोष बहुत अधिक है; इतने कि ये उस भले अंश को दबा देते हैं।

तुम्हारे भविष्य को निश्चित करने का यही समय है। इसीलिए मैं कहता हूँ कि अभी इस भरी जवानी में, इस नए जोश के जमाने में ही काम करो, जीर्ण-शीर्ण हो जाने पर काम नहीं होगा। काम करो, क्योंकि काम करने का यही समय है। सबसे अधिक ताजे, बिना स्पर्श किए हुए और बिना सूँघे फूल ही भगवान् के चरणों पर चढ़ाए जाते हैं और वे उसे ही ग्रहण करते हैं। पर आप अपने पैरों खड़े हो जाओ, देर न करो, क्योंकि जीवन क्षणस्थायी है। वकील बनकर मुकदमे लड़ने की अभिलाषा रखने से कहीं अधिक महत्त्वपूर्ण कार्य करने हैं। अपनी जाति, देश, राष्ट्र और समग्र मानव समाज के कल्याण के लिए आत्मोत्सर्ग करना इससे बहुत ऊँचा

*तुम्हारे भविष्य को निश्चित करने का यही समय है। इसीलिए मैं कहता हूँ कि अभी इस भरी जवानी में, इस नए जोश के जमाने में ही काम करो, जीर्ण-शीर्ण हो जाने पर काम नहीं होगा। काम करो, क्योंकि काम करने का यही समय है। सबसे अधिक ताजे, बिना स्पर्श किए हुए और बिना सूँघे फूल ही भगवान् के चरणों पर चढ़ाए जाते हैं और वे उसे ही ग्रहण करते हैं।*

है। इस जीवन में क्या है ? तुम हिंदू हो और इसलिए तुम्हारा यह सहज विश्वास है कि तुम अनंत काल तक रहनेवाले हो। कभी-कभी मेरे पास नास्तिकता के विषय पर वार्त्तालाप करने के लिए कुछ युवक आया करते हैं। पर मेरा विश्वास है कि कोई हिंदू नास्तिक नहीं हो सकता। संभव है कि किसी ने पाश्चात्य ग्रंथ पढ़े हों और अपने को जड़वादी समझने लग गया हो। पर ऐसा केवल कुछ समय के लिए होता है। यह बात तुम्हारे खून के भीतर नहीं है। जो बात तुम्हारी रग-रग में रमी हुई है, उसे तुम निकाल नहीं सकते और न उसकी जगह और किसी धारणा पर तुम्हारा विश्वास ही हो सकता है। इसीलिए वैसी चेष्टा करना व्यर्थ होगा। मैंने भी बाल्यावस्था में ऐसी चेष्टा की थी, पर वैसा नहीं हो सकता। जीवन की अवधि अल्प है, पर आत्मा अमर व अनंत है और मृत्यु अनिवार्य है। इसलिए आओ, हम अपने आगे एक महान् आदर्श खड़ा करें और इसके लिए अपने जीवन का उत्सर्ग कर दें। यही हमारा निश्चय हो और वे भगवान्, जो हमारे शास्त्रों के अनुसार साधुओं के परित्राण के लिए संसार में बार-बार आविर्भूत होते हैं, वे भगवान् श्रीकृष्ण हमें आशीर्वाद दें एवं हमारे उद्देश्य की सिद्धि में सहायक हों।

□

# स्वामी विवेकानंद : महत्त्वपूर्ण तिथियाँ

- 12 जनवरी, 1863 : कोलकाता में जन्म
- सन् 1879 : प्रेजीडेंसी कॉलेज में प्रवेश
- सन् 1880 : जनरल एसेंबली इंस्टीट्यूशन में प्रवेश
- नवंबर 1881 : श्रीरामकृष्ण परमहंस से प्रथम भेंट
- सन् 1882–1886 : श्रीरामकृष्ण परमहंस से संबद्ध
- सन् 1884 : स्नातक परीक्षा उत्तीर्ण; पिता का स्वर्गवास
- सन् 1885 : श्रीरामकृष्ण परमहंस की अंतिम बीमारी
- 16 अगस्त, 1886 : श्रीरामकृष्ण परमहंस का निधन
- सन् 1886 : वराह नगर मठ की स्थापना
- जनवरी 1887 : वराह नगर मठ में संन्यास की औपचारिक प्रतिज्ञा
- सन् 1890–1893 : परिव्राजक के रूप में भारत भ्रमण
- 24 दिसंबर, 1892 : कन्याकुमारी में
- 13 फरवरी, 1893 : प्रथम सार्वजनिक व्याख्यान, सिंकदराबाद में
- 31 मई, 1893 : मुंबई से अमेरिका रवाना
- 25 जुलाई, 1893 : वैंकूवर, कनाडा पहुँचे
- 30 जुलाई, 1893 : शिकागो आगमन
- अगस्त 1893 : हार्वर्ड विश्वविद्यालय के प्रो. जॉन राइट से भेंट
- 11 सितंबर, 1893 : धर्म महासभा, शिकागो में प्रथम व्याख्यान

- 27 सितंबर, 1893 : धर्म महासभा, शिकागो में अंतिम व्याख्यान
- 16 मई, 1894 : हार्वर्ड विश्वविद्यालय में संभाषण
- नवंबर 1894 : न्यूयॉर्क में वेदांत समिति की स्थापना
- जनवरी 1895 : न्यूयॉर्क में धर्म-कक्षाओं का संचालन आरंभ
- अगस्त 1895 : पेरिस में
- अक्टूब 1895 : लंदन में व्याख्यान
- 6 दिसंबर, 1895 : वापस न्यूयॉर्क
- 22-25 मार्च, 1896 : हार्वर्ड विश्वविद्यालय में व्याख्यान
- 15 अप्रैल, 1896 : वापस लंदन
- मई-जुलाई 1896 : लंदन में धार्मिक-कक्षाएँ
- 28 मई, 1896 : ऑक्सफोर्ड में मैक्समूलर से भेंट
- 30 दिसंबर, 1896 : नेपल्स से भारत की ओर रवाना
- 15 जनवरी, 1897 : कोलंबो, श्रीलंका आगमन
- 6-15 फरवरी, 1897 : मद्रास में
- 19 फरवरी, 1897 : कलकत्ता आगमन
- 1 मई, 1897 : रामकृष्ण मिशन की स्थापना
- मई-दिसंबर 1897 : उत्तर भारत की यात्रा
- जनवरी 1898 : कलकत्ता वापसी
- 19 मार्च, 1899 : मायावती में अद्वैत आश्रम की स्थापना
- 20 जून, 1899 : पश्चिमी देशों की दूसरी यात्रा
- 31 जुलाई, 1899 : लंदन आगमन
- 28 अगस्त, 1899 : न्यूयॉर्क आगमन
- 22 फरवरी, 1900 : सैन फ्रांसिसको में
- 14 अप्रैल, 1900 : सैन फ्रांसिसकों में वेदांत समिति की स्थापना
- जून 1900 : न्यूयॉर्क में अंतिम कक्षा

- 26 जुलाई, 1900 : यूरोप रवाना
- 24 अक्तूबर, 1900 : वियना, हंगरी, कुस्तुनतुनिया, ग्रीस, मिस्र आदि देशों की यात्रा
- 26 नवंबर, 1900 : भारत को रवाना
- 9 दिसंबर, 1900 : बेलूड़ मठ आगमन
- जनवरी 1901 : मायावती की यात्रा
- मार्च–मई 1901 : पूर्वी बंगाल और असम की तीर्थ यात्रा
- जनवरी–फरवरी 1902 : बोध गया और वाराणसी की यात्रा
- मार्च 1902 : बेलूड़ मठ में वापसी
- 4 जुलाई, 1902 : महासमाधि

□□□